2023年度陕西高等职业教育教学改革研究重点项目
"'三教'改革背景下高职劳动教育'活页式'教材开发与应用研究"
（项目编号：23GZ001）阶段性研究成果

新时代劳动教育（高职版）

XINSHIDAI LAODONG JIAOYU（GAOZHI BAN）

主　编　王勇胜
副主编　张　伟　谭　浩

图书在版编目（CIP）数据

新时代劳动教育：高职版 / 王勇胜主编. —西安：
西安交通大学出版社，2024.3
高等职业教育公共基础课系列教材
ISBN 978-7-5693-3699-3

Ⅰ.①新… Ⅱ.①王… Ⅲ.①劳动教育-高等职业教
育-教材 Ⅳ.①G40-015

中国国家版本馆CIP数据核字（2024）第059748号

Xinshidai Laodong Jiaoyu（Gaozhi Ban）

书　　　名	新时代劳动教育（高职版）
主　　编	王勇胜
副 主 编	张　伟　谭　浩
策划编辑	曹　昳
责任编辑	刘艺飞
责任校对	张　欣
封面设计	任加盟
出版发行	西安交通大学出版社 （西安市兴庆南路1号　邮政编码710048）
网　　　址	http://www.xjtupress.com
电　　话	（029）82668357　82667874（市场营销中心） （029）82668315（总编办）
传　　真	（029）82668280
印　　刷	西安五星印刷有限公司
开　　本	787 mm×1092 mm　1/16　印张 12.5　字数 280千字
版次印次	2024年3月第1版　2024年3月第1次印刷
书　　号	ISBN 978-7-5693-3699-3
定　　价	48.00元

如发现印装质量问题，请与本社市场营销中心联系。
订购热线：（029）82665248　（029）82667874
投稿热线：（029）82668502
读者信箱：phoe@qq.com

版权所有　侵权必究

编委会

《新时代劳动教育（高职版）》教材编委会

主　编　王勇胜

副主编　张　伟　谭　浩

编　委　（以姓氏笔画为序）

丁皓璇　王军庆　王梦琳　刘　妍　刘晓瑞

刘然然　李彧嘉　吴　琪　张建琪　赵宇侠

赵登攀　郭子恩　郭雄伟　韩晓剑　焦永峰

樊维聪　颜永杰

前言

劳动教育是中国特色社会主义教育制度的重要内容，直接决定社会主义建设者和接班人的劳动精神面貌、劳动价值取向和劳动技能水平。党的二十大报告指出："统筹推动文明培育、文明实践、文明创建，推进城乡精神文明建设融合发展，在全社会弘扬劳动精神、奋斗精神、奉献精神、创造精神、勤俭节约精神，培育时代新风新貌。"《中共中央 国务院关于全面加强新时代大中小学劳动教育的意见》(以下简称《意见》)强调，以习近平新时代中国特色社会主义思想为指导，全面贯彻党的教育方针，落实全国教育大会精神，坚持立德树人，坚持培育和践行社会主义核心价值观，把劳动教育纳入人才培养全过程，贯通大中小学各学段，贯穿家庭、学校、社会各方面，与德育、智育、体育、美育相融合，紧密结合经济社会发展变化和学生生活实际，积极探索具有中国特色的劳动教育模式，创新体制机制，注重教育实效，实现知行合一，促进学生形成正确的世界观、人生观、价值观。教育部印发的《大中小学劳动教育指导纲要（试行）》（以下简称《指导纲要》）针对劳动教育是什么、教什么、怎么教等问题进行了系统部署和专业指导，根据各学段特点，《指导纲要》明确提出职业院校劳动教育的重点是结合专业特点，增强学生职业荣誉感和责任感，提高职业劳动技能水平，培育积极向上的劳动精神和认真负责的劳动态度。

职业教育是国民教育体系的重要组成部分,是以培养学生从事职业劳动的综合素养为目标的教育类型。从这个意义上说,劳动教育与技术技能人才培养是相互统一的,职业院校具有实施劳动教育的天然优势。本书立足《意见》精神和《指导纲要》要求,坚持德技并修、知行合一理念,结合高职教育特点和学生学情,引导学生"浸润式"学劳动知识、"体验式"树劳动信念、"参与式"悟劳动精神,培育提升学生的劳动意识、劳动品质、劳动技能和劳动素养,力求突出可读性、针对性和实效性。全书以学习劳动理论和投身劳动实践为主线,共分"上篇 认知劳动""下篇 投身劳动"两大篇,在"上篇 认知劳动"中穿插案例故事,并进行探讨分析,引导学生思考和感悟;在"下篇 投身劳动"中穿插任务设计,引导学生躬身实践;同时在模块中穿插拓展阅读,引导学生开阔视野、增长知识。

本书是陕西高等职业教育教学改革研究重点项目《"三教"改革背景下高职劳动教育"活页式"教材开发与应用研究》(项目编号:23GZ001)的阶段性研究成果。

在编写本书的过程中,参考引用了不少的有关劳动教育的资料,在此向原作者表示感谢。本书的编写得到了部分陕西高职院校和西安交通大学出版社的大力支持,在此一并表示感谢。

由于编者水平有限,书中难免存在不足之处,在此恳请各位专家、同行不吝赐教,悉心指正。

编 者

2024年2月

目录

上篇 认知劳动

模块一　开展劳动教育　落实五育并举
　　主题一　劳动教育与立德树人 / 3
　　主题二　劳动教育与增长才智 / 10
　　主题三　劳动教育与强健体魄 / 16
　　主题四　劳动教育与创造美好 / 21

模块二　强化劳动观念　增强劳动意识
　　主题一　学习马克思主义劳动观 / 24
　　主题二　树立正确劳动观 / 31
　　主题三　增强劳动意识和劳动观念 / 38

模块三　遵守劳动法规　保障劳动权益
　　主题一　依法保障劳动权益 / 47
　　主题二　自觉履行劳动义务 / 55
　　主题三　严格遵守劳动纪律 / 61

下 篇　投身劳动

模块四　端正劳动态度　提升劳动素养
主题一　培育正确积极的劳动态度 / 71
主题二　养成自觉良好的劳动习惯 / 83
主题三　锤炼综合过硬的劳动素养 / 92

模块五　投身劳动实践　提高劳动技能
主题一　校园日常劳动提升生活技能 / 103
主题二　专业实训实践提升专业技能 / 112
主题三　职业技能竞赛提升职业技能 / 120
主题四　参加社会服务提升社会技能 / 127

模块六　涵养劳动情怀　培育劳动品质
主题一　树立吃苦耐劳意识 / 135
主题二　铸就团结协作精神 / 143
主题三　争做诚实劳动楷模 / 149
主题四　推进创新劳动实践 / 156

模块七　弘扬劳动精神　传承传统美德
主题一　弘扬劳动精神——成为有素质的劳动者 / 163
主题二　弘扬劳模精神——成为劳模精神的传承者 / 171
主题三　弘扬工匠精神——成为卓越的劳动者 / 179

上 篇

认知劳动

模块一 开展劳动教育 落实五育并举
模块二 强化劳动观念 增强劳动意识
模块三 遵守劳动法规 保障劳动权益

模块一

开展劳动教育　落实五育并举

主题一　劳动教育与立德树人

一、知识导航

二、主要内容

（一）达成目标

（1）知识目标：清晰了解劳动教育提出的历史背景，并领会劳动教育的重要意义及"五育"之间的辩证统一关系。

（2）能力目标：深刻把握劳动教育对个人成长的积极作用，形成正确道德认知，培养良好道德行为。

（3）素质目标：强化以劳动教育立德树人的情感认同，陶冶正向道德情感，锤炼坚定道德意志。

（二）内容概要

党的十八大以来，党和政府高度重视劳动教育，先后出台了《关于全面加强新时代大中小学劳动教育的意见》《大中小学劳动教育指导纲要（试行）》等重要文件。党的二十大第一次把劳动教育写入报告中，提出要"培养德智体美劳全面发展的社会主义建设者和接班人"。从十九大报告"德智体美全面发展"到二十大报告"德智体美劳全面发展"，一字之差彰显了新时代党和国家对培育青少年劳动精神与劳动能力的重视程度。

"五育并举"表明劳动教育在人才培养体系中发挥着无法替代的作用，这不仅提高了劳动教育本身的地位，也对其他四育提供了有力支撑，劳动教育应该成为完善人才培养体系、支持德智体美的重要平台。劳动教育作为"五育融合"的起始点与凝结点，具有德智体美"四育"不可替代的育人价值和独特育人功能，以及为个人全面发展和社会全面进步的协同发展奠基的深刻意蕴，其根本价值在于立德树人。

1. 形成正确道德认知

劳动是连接知识与实践的纽带，我们在亲历劳动实践过程中获得积极的价值体验，从而达到入脑入心，形成道德认识内化，真正实现思想性与实践性的统一，提高道德认知能力的目的。我们应树立"职业不分贵贱，在劳动面前人人平等"的观念，真正明白劳动在人生中的价值，懂得劳动最光荣、劳动最崇高、劳动最伟大、劳动最美丽的道理，体会到劳动对确立劳动幸福观和奋斗观的重要意义，确保我们在面临真实道德场景时能够第一时间唤醒大脑中的正确道德认知，作出正确的道德判断和选择，提升道德辨别能力。

2. 陶冶正向道德情感

情感是一种发自内心的自觉行为，道德情感是人们在道德认知的基础上，根据道德观念对道德行为和活动进行评判时所产生的爱憎好恶等主观内心情感体验。劳动教育让我们在原有道德认知基础上置身于具体的道德情境中，通过实践活动与外界接触互动获得情感体验，在活动体验中不断唤醒和陶冶正向稳定的道德情感，在耳濡目染中激发内心深处的道德情感共鸣，深切体会人间疾苦，坚定对劳动者的敬佩之情与价值认同，形成崇尚、尊重、热爱劳动的正向道德情感导向和积极劳动态度，让我们在辛勤劳动中拜劳动人民为师，确立改善人民生活的崇高理想，厚植劳动情怀，自觉修为向上向善的劳动品德，成为一个有大爱大德大情怀的人。

3. 锤炼坚定道德意志

劳动本就是一个克服困难、磨炼意志、提升能力的过程，也是磨炼大学生吃苦耐劳、奋斗拼搏、踏实肯干意志品质的有效途径。劳动教育潜移默化地培养着我们的抗挫折能力、忍耐力与抗压能力，对增强我们面对困难的勇气和信心具有重要作用，同时也激励着我们勇敢坚定地实现人生价值。因此，我们要在长期劳动实践中锤炼坚定道德意志，磨炼吃苦耐劳、奋斗拼搏的意志品质。

4. 培养良好道德行为

道德行为的实现是一个由内化转为外化的过程，劳动在我们道德行为习惯养成过程中扮演关键角色，我们的道德行为习惯正是在一次次劳动实践中得到历练直至成熟，从而真正达到知行合一。对于我们而言，用双手创造而得的幸福远比不劳而获、"伸手可得"的幸福更具获得感、踏实感和成就感。真实的劳动过程会增强我们对个体与社会未来发展趋势的研判能力，加深对国情、世情、民情的理解，从而自觉将个人成长奋斗与国家发展紧密结合，并为其注入强大精神动力，促进我们在建功立业的同时升华个人精神追求，释放创造潜能，实现人生价值，促进全面发展。

三、案例故事

案例故事 1

清淤修渠　跋山涉水走遍穷困之地

1988年6月，习近平到任福建宁德。在那里，他依然坚持劳动不忘本的良好习惯。宁德曾是全国十八个集中连片贫困地区之一，宁德靠海，但不是有沙滩的海，大部分海岸都是悬崖峭壁，往里走全是大山。习近平在宁德待了一年11个月，基本走遍了所有的乡镇。当时没有通路的4个乡，他去了3个，都用了一天时间。

1989年7月，寿宁县下党乡发生灾情，在交通等各方面条件艰苦的情况下，他坚持实地察看灾情。时任宁德地委书记的习近平带领地直相关部门负责人头戴草帽，肩搭毛巾，顶着炎炎烈日，在崎岖山路上跋涉2个多小时，深入乡政府所在的下党村。习近平后来用"异常艰苦、异常难忘"来形容此次下党之行。

一把锄头扛在肩上，笑容可掬，意气风发，大步走在田埂上……这是1989年12月2日，时任中共宁德地委书记的习近平同志带领地直机关千余名干部到宁德县南漈水利工地参加清沟排障、修整水渠劳动时的情景。这是他当年一点一滴为福建发展腾飞打下坚实基础的生动写照。

这段时间，他不仅参与劳动，还对劳动进行了深层次的思考。在《摆脱贫困》

一书中,习近平写道:"农村劳动力如果继续束缚在原有规模的耕地上,倚锄舞镰,沿袭几千年来日出而作、日落而息的耕作老传统,进行慢节奏、低效率的生产劳动,那就不是一件好事。反之,用改革开放的眼光看待劳动力的大量转移,会惊喜地发现,我们又获得了一种极其宝贵、可待开发、可能创造巨大价值的崭新资源。"

(中国共产党新闻网)

案例思考

案例故事 2

亲手干才算自己的劳动

1942年底,轰轰烈烈的延安大生产运动开始后,毛主席更忙了。他有个习惯,喜欢晚上办公,有时一忙就是一个通宵。这样,毛主席的睡眠时间就越来越少了。大生产运动期间,他常常忙一晚,第二天下午照例还要和中央机关的同志们一块去参加劳动。

机要科的同志们见主席休息时间那样少,很担心他累坏了身体。趁主席到地头去的当儿,几个机要员一合计,就抢着跑到主席面前,提出帮他挖地。主席慈祥地笑笑,摆手示意不让他们帮助,并说:"你们挖的地,不算我的劳动,亲手干才算自己的劳动。"

就这样,毛主席用了几个下午的时间,亲手挖了两亩多地,并在地上浇了水,上了肥,种上了西红柿、辣椒等蔬菜。

中央机要科的同志们望着这丰收的景象十分感慨,因为这块土地上洒下了毛主席辛勤劳动的汗水!

(中国共产党新闻网)

模块一　开展劳动教育　落实五育并举

案例思考

案例故事 3

朱德的扁担

1928年，国民党反动派加紧了对井冈山革命根据地的军事围剿和经济封锁，企图把红军饿死、冻死在井冈山上。当年的井冈山上有800多名伤病员及后勤机关工作人员，物资压力非常大。入冬后，井冈山军民的生活更加困难。一个连队80多人，一顿饭却只有3斤米下锅。

为了解决眼前的吃饭和粮食储备问题，红四军司令部发起下山挑粮运动。这些粮食大部分从宁冈的大陇运来。大陇的粮食是砻市、古城等地集中起来存在那里的。朱德也常随着队伍去挑粮，一天往返50公里，光是空手上山下山都很吃力。但他的两只箩筐每次装得满满的，走起路来十分稳健利落，年轻力壮的小伙子也常被他甩得老远。战士们从心眼里敬佩朱军长，但又心疼他。40多岁的人了，为革命日理万机，还要翻山越岭去挑粮，累坏了怎么办？大家一商量，就把他的扁担藏了起来。朱德没了扁担，心里很着急，他让警卫员到老乡那儿买了一根碗口粗的毛竹，自己动手连夜做起了扁担。月光下，他破开竹子，熟练地削、刮、锯，一会儿就把一面黄一面白的半片竹子做成了一根扁担。为防止战士们再藏他的扁担，就在上面刻了"朱德记"3个大字。

战士考虑到朱德军长年纪比较大，军务也比较繁忙，就对他说："你日夜操劳太吃力了，就不要再下山挑粮食了，我们每个人多挑一点就把你这份给补上了。"朱德军长却说："吃饭有我的份，挑粮也有我的份，光吃饭不挑粮，那不就成剥削阶级了吗？"

有一天，朱德又准备动身和战士们一同挑粮，却怎么也找不到自己的扁担。原来，战士们担心他过于操劳，又把他的扁担藏了起来。但是，当战士们挑粮返回黄洋界的时候，却看到朱德满头大汗，挑着箩筐赶了上来。原来，朱军长又重新削了一根扁担。但是没过几天，他的扁担又找不到了。后来，朱德又重新削了一根，这一次，他在扁担上还写了几个大字"朱德的扁担"。

从这以后，战士们抵不住朱德的执拗，再也不藏朱德的扁担了。于是，挑粮的队伍里总能看到戴着斗笠、穿着草鞋的朱德。而这也极大地鼓舞了井冈山军民的信心，大家相信，只要团结一致，就一定能战胜敌人，度过严冬。

案例思考

四、拓展阅读

劳模精神是宝贵的精神财富

劳模精神被列入中国共产党人精神谱系，成为伟大精神之一。习近平总书记多次指出"全社会都应该尊重劳动模范，弘扬劳模精神""劳模精神、劳动精神、工匠精神是以爱国主义为核心的民族精神和以改革创新为核心的时代精神的生动体现，是鼓舞全党全国各族人民风雨无阻、勇敢前进的强大精神动力"。党的二十大报告中，习近平总书记再次指出要"在全社会弘扬劳动精神、奋斗精神、奉献精神、创造精神、勤俭节约精神，培育时代新风新貌"。

（来源：《中国青年报》2023-04-20 载《将劳模精神融入少年儿童劳动教育全过程》）

主题二　劳动教育与增长才智

一、知识导航

二、主要内容

（一）达成目标

（1）知识目标：清晰了解劳动教育对增长才智的重要性及意义，提高实践认知。

（2）能力目标：深刻掌握劳动教育与增长才智之间的辩证统一关系，开发劳动潜能。

（3）素质目标：激发热爱劳动并投身中国特色社会主义现代化建设事业的报国情怀。

（二）内容概要

党的二十大报告提出，深入实施科教兴国战略、人才强国战略、创新驱动发展战略。伴随着社会的快速发展，社会分工日益细化为我们提供了机遇也带来了挑战，对全面提高劳动素质提出了更高要求。劳动不仅是生存的手段，更是推动我们全面发展的关键途径。劳动是一切智慧的源泉，其内涵不仅包括体力劳动，也包括脑力劳动。对于我们而言，劳动教育有益于增强智力发展、启迪人生智慧，有益于促进求知意识、激发学习兴趣，有益于增强思维拓展、开发创造潜能，进而实现"以劳增智，以智强劳"。

1. 培养动手能力，提高实践认知

在劳动实践活动中，我们需要亲自动手完成各种任务，例如种植树木、制作手工艺品、修理电器等。通过这些实际操作，我们可以锻炼手部的灵活性和协调性，提高动手能力。

同时，劳动教育还可以培养我们的观察力和判断力。劳动教育提供了一个实践的平台，让我们亲身参与实际操作，通过实践来认识和理解事物。例如，在种植活动中，我们可以亲自体验到植物的生长过程，了解到植物需要的养分和环境条件，从而对植物的生长规律有更深入的认识。通过这样的实践认知，我们可以更好地理解和应用所学的知识，提高实践能力。同时，劳动教育还可以培养我们的责任感。在实践过程中，学生需要对自己的行为负责，对任务的完成负责。

2. 促进智力发展，启迪人生智慧

劳动出真知，劳动教育具有启智的功能，在动手操作中开阔学生的知识视野，发展学生的智力和创造力。劳动为我们提供在实践中验证理论知识的路径，让我们在实践活动中不断检验所学的理论知识，提高自身认知能力，完成从发现问题、解决问题到启发智慧思考的体验过程，将读万卷书与行万里路有机结合，从而激发我们的内在自我成长系统，积累对自然现象的感性认识，提升观察力、增强注意力和行为记忆力，进一步促进智力发展，启迪人生智慧。

3. 增强求知意识，激发学习兴趣

兴趣是求知的内在驱动力，是最大的学习动力。当前，我们获取理论知识的途径和方式愈加多元化和新颖化，但仅仅停留在大脑层面的知识和想法很难产生新的突破和更深层次的理解。劳动实践是引发我们对理论知识产生学习兴趣的根本动力，为我们提供展示能力、实现自我价值的平台。将在发现问题、寻找原因和解决问题的过程中所获得的成功喜悦感、自尊感和自信心会迁移到学习领域，不仅有益于提高学习能力、增强求知意识、激发学习兴趣、提高学习效率，而且有益于增强克服困难的勇气，树立远大志向。

4. 促进思维拓展，开发创造潜能

实践是创造思维的基础和开发潜能的前提，人类的创造与劳动息息相关。在劳动实践中，我们需要不断探索和创新，如改进工艺、设计新产品、解决实际问题等，这些探索和创新需要我们具备创新意识和创新能力。在劳动实践的过程中，我们需要主动参与、主动思考、主动探索，这个过程不仅可以验证我们从理论知识学习中获取的认知能力和技能是否符合客观真理，而且可以进一步提升思维的判断力、灵活性和创造力，从而培养我们的创新思维，提高我们的创新能力。

三、案例故事

案例故事1

从劳动工具看社会发展

以北京周口店猿人为代表的旧石器时期，人类主要用简单的砸击法制造粗糙的石锤、石钻，以及刮削器、尖状器、砍砸器、雕刻器、石锥和球形器等，并用其或砍削的木棒来狩猎。那时，人们群居生活，由于生产力水平很低，以及与凶猛的野兽和恶劣的环境作斗争，不断有人饿死或被野兽吃掉，人口数量很少，人均寿命也很短。据统计，68.2%的猿人死于14岁前，超过50岁的不足4.5%。

到了以北京山顶洞人为代表的新石器时期，人们学会了钻孔和磨制较为复杂的石器，生产力水平有了一定的提高，男女劳动也有了分工，男性主要从事狩猎，女性则从事采集。由于人们获取的食物已能基本满足生活所需，他们开始关注自己的外在形象。因此，山顶洞人用他们磨制出来的骨针简单缝制兽皮衣服或用树叶编织衣服，有些人养成了佩戴装饰品的习惯。由于火的使用，他们吃上了熟食，体质有了明显增强，改造自然的能力得到了提高，身体特征也有了明显改变。

随着种植业进入人们的生活，人类进入了原始社会。那时，人们通过长期的观察和实践，选育出了一部分农作物。然而在原始社会早期，人们只会用简单的石制和骨制农具进行最原始的刀耕火种式的劳作。随着农具制造技术的发展，人们通过劳动生产的粮食已能基本满足生活所需，对狩猎的依赖性逐渐降低，便把吃不完的野兽尤其是幼崽圈养起来，于是出现了畜牧业。此外，在以西安半坡和杭州余姚为代表的原始社会聚落，人们还学会了修建简单的茅草屋和半地穴式房屋，学会了烧制简单的陶器，并绘以图案或刻上符号，也学会了用麻或其他材料纺织衣服。

渐渐地，随着劳动工具制造技术的发展，农具变得多样化和精细化，人们开垦的耕地越来越多，人口数量也随之增加。由于人们群体生活，就存在着劳动成果分配问题，而那些负责分配的人开始可能很公平，但随着生产力的提高，生产的粮食和牲畜有了剩余，他们便不再劳动，而依靠多出来的粮食和牲畜生活，甚至还把多出来的一部分粮食分给自己亲近的人。慢慢地，人口数量越来越多，不劳动的人也越来越多，而那些不劳动的人则成了部落的领导阶级，从此，奴隶制国家产生了。

当历史的车轮碾到公元18世纪，一场前所未有的工业革命正从英国发起，劳动工具制造技术开始腾飞。先是纺织机制造技术的提升改变了人们的劳动方式，接着是蒸汽机制造技术的提升节省了人力，大大提高了劳动生产效率，把许多人从土地上解放出来。此外，蒸汽机在交通工具制造上的应用也改变了人们的出行方式。内燃机、发电机和电动机等的制造技术更使人们的劳动方式和生活方式发生了翻天覆地的变化，农业机械代替了手工劳动，搬运重物不再肩扛人抬，出行不再只能靠走，还可以通过收音机和电话得知远方的消息，日出而作、日落而息的劳作方式也得到了根本改变。尤其是到了20世纪后半期，电视机、电脑、卫星、手机等的制造技术的成熟，增加了人们的脑力劳动，促进了人与人的交流，加速了信息的传递和更新，人类社会的发展也变得日新月异。

案例思考

案例故事 2

让南京港机走向世界的巾帼英雄

"脑力劳动、体力劳动是创造，个人劳动、集体劳动也是创造。"南京港集团港口机械厂技术管理部部长、女劳模沙夕兰说。

沙夕兰经常跟年轻人说的话是"不要先想着得到什么，而要先想着付出什么"。就是这样一个认为"吃亏是福"的女劳模，参与研发的产品获得多项专利，累计为企业创造了数十亿元的产值。南京港口机械厂也由十多年前名不见经传的一个小厂一跃成为国内港机制造业的巨头。

"沙部长的身高才到我肩膀，可是我总觉得像在仰望她。"和技术部里那群人高马大的小伙子相比，沙夕兰显得格外瘦小，一米六的个头只有70多斤。刚进厂时，厂里的老同志都不相信一个女同志能在港机这个行业里做久做好，因为港机制造是一个男人拼搏的世界。苦、难且不说，就说这五六十米的吊机有多少女同志敢爬上去？

沙夕兰敢，而且对她来说是家常便饭。刘伟是沙夕兰的徒弟，回忆起第一次的攀爬经历，他至今腿脚发软。那是2007年夏天，沙夕兰带着刘伟在南京港巡查岸边集装箱装卸桥，他们需要攀爬到60米的高处。"我们沿着阶梯徒手一级一级往上爬，越往上风越大，周围完全没有阻隔，往下看就是越来越远的地面。"刘伟说，爬到一半时，他腿软得已经迈不开步子了，抬头看到沙夕兰依旧毫不犹豫地往上爬，丝毫没有退缩。"虽然也害怕，但是必须坚持下来，对我们来说这是最基本的。"沙夕兰说，最多的时候，一天要来回爬五六次。

沙夕兰虽然身材柔弱，骨子里却有不服输的精神，工作中敢于担当，越重的项目越敢于挑战。从事港机开发研究24年，沙夕兰主持开发设计的港机产品创造多个第一：开发设计当时国内独一无二的25吨门机；开发40吨煤炭带斗门机，创下了国内卸煤炭带斗门机吨位之最……同事们评价说，沙夕兰为企业创造了几十亿元的产值，她撑起了南京港机一年7亿多元的产值。

她先后6次飞赴印尼，用韧性打开国际市场。在沙夕兰主持研发的港机产品已遍布中国长江及沿海各大港口时，沙夕兰并没有满足，她的心中一直有一个梦想——让南京港机真正走向世界。

2010年，印尼第二港务公司需要一次性采购13台门机，沙夕兰敏锐地感到这是南京港机开拓国际市场的大好机会，便连夜飞往印尼。在飞机上，沙夕兰一直在翻阅手中的资料，一夜都没有合眼，次日中午辗转到住所，一身疲惫的她顾不得休息，放下行李直奔几十公里外的客户单位。在商谈中，沙夕兰运用20多年积累的专业经验和高水平的技术水准，耐心细致地对项目技术规格书的每一项条款进行交涉，与对方展开了连续9小时的沟通和博弈，最终争取到了印尼顾客的信任，为南京港机拿到了这个国际大单。

然而，合作的过程并不一帆风顺。由于汇率和配套要求太高，谈判出现了问题。沙夕兰带领4人小组前去印尼谈判，晚上准备对策到凌晨两、三点，白天跟客户谈，4天下来效果微乎其微，因为对方公司的总负责人出差。厂里打来电话希望洽谈小组先回厂，可是沙夕兰坚决不同意，她说："来一趟不容易，如果没有结果下次还得当面谈，不行，我不回去，我就是不回去。"在她的坚持下，多等了一天，终于感动了对方公司的领导,项目得以顺利进行。在接下来的 2 年时间里,沙夕兰先后 6 次飞赴印尼码头现场与客户交流。每次沙夕兰从印尼回来后老公都会问她:"这次去印尼出差,你去巴厘岛了吗?"而他得到的答复永远都是:"下次,下次再去。"

案例思考

四、拓展阅读

实施科教兴国战略,强化现代化建设人才支撑

教育、科技、人才是全面建设社会主义现代化国家的基础性、战略性支撑。必须坚持科技是第一生产力、人才是第一资源、创新是第一动力,深入实施科教兴国战略、人才强国战略、创新驱动发展战略,开辟发展新领域新赛道,不断塑造发展新动能新优势。

我们要坚持教育优先发展、科技自立自强、人才引领驱动,加快建设教育强国、科技强国、人才强国,坚持为党育人、为国育才,全面提高人才自主培养质量,着力造就拔尖创新人才,聚天下英才而用之。

——党的二十大报告

主题三　劳动教育与强健体魄

一、知识导航

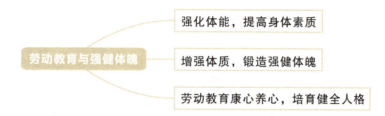

二、主要内容

（一）达成目标

（1）知识目标：清晰了解身心健康发展的双重意义和劳动教育强健体魄的必要性和可行性。

（2）能力目标：深刻掌握劳动教育与强健体魄之间的辩证统一关系，锻造强健体魄，培育健全人格。

（3）素质目标：强健体魄、砥砺意志，勇于担当、积极作为，燃烧激情、放飞青春。

（二）内容概要

劳动教育的根本是通过劳动的方式实现学生的全面发展。劳动教育强调通过劳动强健学生体魄，其与体育教育既有一定的相似性，又有着本质上的不同。著名教育家苏霍姆林斯基认为劳动教育对于人的体格发育具有非常重要的正向作用。在日常教学中，要保证劳动教育满足学生日常运动量，在劳动教育的全过程中培养学生树立正确劳动观，避免劳动教育过量影响学生身体健康，或是劳动教育过少流于形式。

体为人之基，身心健康是我们全面发展的基石，是成为担当民族复兴大任时代新人的先决条件。劳动可以强身健体，增强体质，劳动的过程就是锻炼身体的过程。劳动不能代替体育锻炼，但劳动教育有利于我们生在经历动手实践和出力流汗的过程中接受锻炼，增强体质，塑造强健体魄，同时康心养心，磨炼意志，培育健全人格，增强体育精神和观念，也为体育打好基础，进而实现"以劳强体，以劳康心"。

1. 强化体能，提高身体素质

在劳动实践中，我们需要进行各种体力活动，如挖土、抗水、打扫卫生等，这些活动需要动用全身的肌肉和骨骼，从而增强体力、耐力和灵活性。身体素质是体魄的重要组成部分，好的身体素质可以增强抵抗力、提高学习效果和综合素质。

2. 增强体质，锻造强健体魄

劳动作为增强体质、强健体魄的重要手段，本身就具有运动效果。劳动有多种形式，日常的体力劳动可以帮助我们强壮肌肉、锻炼耐力，实现身形匀称、动作协调、体态优美，从而提高身体素质，使身体保持良好健康状态。还可有效促进身体新陈代谢，增强自身抵抗力与免疫力，增进呼吸系统、循环系统、消化系统等机能，实现有效休息，调节精神状态，提高学习效率，缓解身体疲劳。

3. 劳动教育康心养心，培育健全人格

劳动实践和劳动体验，可以帮助我们养成健康的生活习惯，培养健康的生活方式。通过参加劳动实践，我们可以增强与团队沟通协作的能力，提高团结合作意识和社会适应性，从而有利于培养乐观开朗的性格，有效地预防心理问题和障碍。适当的劳动可以帮助我们释放压力、舒缓情绪、调节放松心情。同时，我们在劳动实践中容易获得幸福感、成就感和满足感，有利于消除不良消极的情绪，培养劳动精神与良好的意志品质，促使我们拥有健康的心理与健全的人格。

三、案例故事

案例故事 1

运动健将爱因斯坦

爱因斯坦不仅是科学家，还是运动健将。爱因斯坦一生坚持体育运动，因此还被人们称为老年运动家。

爱因斯坦从小喜欢运动，而且展现出过人的运动天赋。小学时体育课练习跳马，就属爱因斯坦的动作最标准、最漂亮。

后来，爱因斯坦在实验室搞研究、摆弄机器、计算数据的同时，仍抽空参加多种文体活动，尤其喜欢爬山、骑车、赛艇、划船、散步等体育活动。有人形容他工作时的劲头"简直像个疯子"，似乎有使不完的精力。爱因斯坦这种充沛的精力，正是他合理休息和经常锻炼的结果。

爱因斯坦爱好运动，不仅是因为兴趣，还是为了提高学习效率。爱因斯坦常对人说："学习时间是个常数，学习效率却是个变数，单独追求学习时间是不明智的，最重要的是提高学习效率。"

爱因斯坦在物理学上取得伟大成就以后，不少国家请他去访问和讲学。有一次，他去比利时访问，国王特地成立了接待委员会。但当火车进站后，却不见爱因斯坦的影子。原来，爱因斯坦避开了那些欢迎的人，一路步行来到王宫。爱因斯坦还对比利时国王解释："我喜欢步行，运动给我带来了无穷的乐趣。"

晚年时，爱因斯坦还坚持锻炼，经常邀请朋友去爬山，有意识地磨炼意志，锻炼身体。有一次爱因斯坦和居里夫人及两个女儿兴致勃勃地攀登瑞士东部的安加丁冰川。他们按照登山运动员的要求，身背干粮袋，手持木拐杖，顺着山径往上爬。在旅途中，爱因斯坦谈笑风生，十分活跃，好像年轻人一样。

案例思考

案例故事 2

"煤亮子"的铁肩柔情

刘世明，一个把青春奉献给煤海的"80 后"，一个铁肩柔情的"煤亮子"。他从技术员做起，一步步成长为采煤队长、一矿调度室主管。他把一支基础薄弱的队伍带成了安全高效的优秀采煤队组，在复杂的地质条件下，商品煤产量刷新队组纪录。

2009 年，刘世明从中国矿业大学采煤工程专业毕业后入职一矿，成为一名技术员。

经过十年历练，2019年，刘世明成为一矿的一名采煤队长，他整章建制、规范管理、以身作则，让队组面貌焕然一新，带领一百多名矿工，亮出了出色的安全生产答卷。

"作为队长，要求别人的自己先要做到，我得当好'火车头''主心骨'。"刘世明一个月有20多天都要在井下跟班盯现场，每次都第一时间到达工作面，盯重点部位、查正规操作、跟隐患整改，协调指挥好各个环节，尽量节约检修时间；他总是最后一个上井，守好交接班这个最容易出问题的环节，现场查看生产班运行情况，把问题记录下来，确保第二天检修有重点；一旦接到设备出现故障的电话，无论何时何地，他都会立刻赶往现场。

成长没有捷径，铁肩膀是压出来、磨出来的，硬本事是干出来、拼出来的。刘世明成为队长后，队组负责的工作面大多是难啃的"硬骨头"，即便这样，每次他都出色完成任务。特别是工作面遇到130米×100米的大型地质构造，每天构造区要打近300个炮眼，用药量达148千克，同时开动8部钻机作业，条件十分艰苦，但月推进度仍然不少于50米。

"他呀，做思想政治工作相当有一套，心里时刻装着大伙儿，再苦再累职工都心甘情愿跟他干，而且是真心去干好每项工作。"采访过程中，不止一个人如此评价刘世明。

"安全是重中之重，产量是关键指标，但队长不能只关注这些，还要抓好思想工作，把职工当亲人，把他们的事放在心上，让他们感受到'家庭'的温暖。"刘世明分享了他的"管理经"。

案例思考

四、拓展阅读

全面构建体现时代特征的劳动教育体系

把握劳动教育基本内涵。劳动教育是国民教育体系的重要内容，是学生成长的必要途径，具有树德、增智、强体、育美的综合育人价值。实施劳动教育重点是在系统的文化知识学习之外，有目的、有计划地组织学生参加日常生活劳动、生产劳动和服务性劳动，让学生动手实践、出力流汗，接受锻炼、磨炼意志，培养学生正确劳动价值观和良好劳动品质。

明确劳动教育总体目标。通过劳动教育，使学生能够理解和形成马克思主义劳动观，牢固树立劳动最光荣、劳动最崇高、劳动最伟大、劳动最美丽的观念；体会劳动创造美好生活，体认劳动不分贵贱，热爱劳动，尊重普通劳动者，培养勤俭、奋斗、创新、奉献的劳动精神；具备满足生存发展需要的基本劳动能力，形成良好劳动习惯。

设置劳动教育课程。整体优化学校课程设置，将劳动教育纳入中小学国家课程方案和职业院校、普通高等学校人才培养方案，形成具有综合性、实践性、开放性、针对性的劳动教育课程体系。

根据各学段特点，在大中小学设立劳动教育必修课程，系统加强劳动教育。中小学劳动教育课每周不少于1课时，学校要对学生每天课外校外劳动时间作出规定。职业院校以实习实训课为主要载体开展劳动教育，其中劳动精神、劳模精神、工匠精神专题教育不少于16学时。普通高等学校要明确劳动教育主要依托课程，其中本科阶段不少于32学时。除劳动教育必修课程外，其他课程结合学科、专业特点，有机融入劳动教育内容。大中小学每学年设立劳动周，可在学年内或寒暑假自主安排，以集体劳动为主。高等学校也可安排劳动月，集中落实各学年劳动周要求。

根据需要编写劳动实践指导手册，明确教学目标、活动设计、工具使用、考核评价、安全保护等劳动教育要求。

——中共中央 国务院《关于全面加强新时代大中小学劳动教育的意见》

（来源：新华社2020-03-20）

主题四　劳动教育与创造美好

一、知识导航

二、主要内容

（一）达成目标

（1）知识目标：清晰了解美育的科学内涵及劳动教育对美育的积极作用，提升审美旨趣。

（2）能力目标：深刻掌握劳动教育与美育教育之间的辩证统一关系，塑造美好心灵。

（3）素质目标：理解劳动教育的重要性，奉献青春，做最美劳动者。

（二）内容概要

劳动创造了美，美和艺术的真正来源就是社会的生产劳动。劳动的过程就是创造美的事物的过程，是将大脑中的构思通过劳动实现的过程。劳动教育是美育的途径之一。我们在劳动实践活动中感知美、创造美、传播美，提升审美旨趣、塑造美好心灵、升华人生境界，进而实现"以劳育美，以美促劳，劳美结合"。

1. 在劳动教育中感知美，提升审美旨趣

劳动是人和自然都参与的一种过程及连接两者的媒介，如"日出而作、日落而息"正是一种质朴和谐的美好画面。"生活中不是缺少美，而是缺少发现美的眼睛"，劳动赋予人们发现美、感知美的机会，用身心感知美的赋形、美的色彩和美好生活，在劳动后的愉悦满足过程中收获美好体验。感知美的过程，有利于我们潜移默化地提升审美能力，形成

健康的审美情趣，培养"劳动最美丽"的审美旨趣，进而帮助我们正确评判美丑、善恶、真假、是非，提升感悟、鉴赏与判断能力，树立正确审美观与价值观，增强鉴赏美的能力。

2. 在劳动教育中创造美，塑造美好心灵

马克思认为"动物只是按照它所属的那个种的尺度和需要来构造，而人却懂得按照任何一个种的尺度来进行生产，并且懂得处处都把内在的尺度运用到对象上去；因此，人也按照美的规律来建造。"这说明人能够在实践中探索"美的规律"来进行美的创造，当基于一定目的的劳动与规律有机统一时就会形成和谐之美和劳动创造成果，从而体会"劳动创造美"的喜悦。

劳动教育让我们在发现美、感知美、鉴赏美的基础上重新审视劳动，建构新的劳动观念、意识和情感，在深入实践活动中引发对美的表达与再次创造；让我们的天赋与才华在劳动中得到发挥与展现，在全身心投入劳动参与的过程中感受创造的美妙，在"劳动神圣"的审美观引领下激发主观能动意识和创造潜力。通过劳动教育增进大学生的自信心与创作信心，让其在创造美中感悟美的真谛，丰盈精神世界，进而塑造大学生拥有真、善、美、信等多种美好品格，并使其内化于心、外化于行，成为内在"美质"的高素养之人。

3. 在劳动教育中传播美，升华人生境界

人们对美的追求和表达是生存满足后的目标层级，一个心灵美与行为美并存的、具有"内在美质"的高素养之人会将美以其特有的方式传播与分享，让更多人感受到美的力量、品味到美的滋养、体会到美的情感，让人心向往之，进而丰富人的生命意义与价值。

我们在劳动实践的过程中结成临时或稳定的人际关系与团队合作，互相激励与启发，用行动表达对劳动的热爱，这种互相影响、彼此感染的过程就是对美的传播和对美的精神传承。同时，这种美的传播也体现在我们创作的劳动成果展示中，让我们在符合美的规律、具有审美情趣的作品中获得熏陶和感染，重新审视劳动的价值，激发对美好生活的憧憬与信心。

三、案例故事

案例故事

泥坯中"拉"出"大国工匠"

占绍林,男,1978年出生,江西鄱阳人,国家级技能大师,全国技术能手,全国五一劳动奖章获得者,占绍林陶艺实践基地创始人。

景德镇传统制瓷有72道工序,绝非一人可以完成,即使要把其中一道工序做到极致也是很难的。

在群山环抱、高人聚集的景德镇三宝瓷谷,占绍林乐在其中。占绍林回忆,16岁的他从鄱阳湖畔的小村庄来到景德镇,第一次坐在拉坯机前时,学拉坯对他来说只是找一个"饭碗"。瓷泥贵,为了多上手,占绍林就捡些废泥浸泡后反复练习;拉坯机少,他就趁着师傅休息偷偷练……一年半出师后,生性开朗的占绍林广交朋友,不断学习、融合不同技法,数年时间便攻克景德镇拉坯难题,将原来需要三次成型的瓷器大件一次成型,令老工匠们也赞叹不已。

"要敢于把传统和当代技法进行融合、创新。"占绍林说,千百年来,手艺都是陶业工人谋生的手段,一旦故步自封,丧失创新力,即使技艺登峰造极,也会陷入枯燥乏味之中。潺潺小溪穿房而过,木架上晾满了瓷坯。艺术院校的大学生围在占绍林周围,盯着他手中不断变化的瓷泥,像16岁时的占绍林一样急于开启一段奇幻的陶艺之旅。

占绍林说,极致的呈现背后往往是枯燥,数十年如一日,方能炉火纯青。"要不断地修正细节,才能达到整体造型线条流畅和比例协调。"占绍林一边对学生们说,一边调整着手指间的力道。"诀窍就是对细节毫不放松。"

案例思考

四、拓展阅读

"劳动模范是民族的精英、人民的楷模,是共和国的功臣。"习近平总书记 11 月 24 日出席全国劳动模范和先进工作者表彰大会并发表重要讲话强调,要大力弘扬劳模精神、劳动精神、工匠精神。劳模精神、劳动精神、工匠精神是以爱国主义为核心的民族精神和以改革创新为核心的时代精神的生动体现,是鼓舞全党全国各族人民风雨无阻、勇敢前进的强大精神动力。

人民创造历史,劳动开创未来。中国今日之成就,正是广大中国人民在中国共产党的带领下,不畏艰苦、努力进取、不断奋斗的结果。在 70 多年的新中国发展成长历史中,各条战线英雄辈出、群星灿烂,激励了一代又一代人的成长。特别是进入新时代以来,作为决胜全面建成小康社会、决战脱贫攻坚的主力军,我国工人阶级和广大劳动群众谱写了"中国梦·劳动美"的新篇章。

(来源:《光明日报》2020-11-26 载《大力弘扬劳模精神、劳动精神、工匠精神》)

模块二

强化劳动观念　增强劳动意识

主题一　学习马克思主义劳动观

一、知识导航

二、主要内容

（一）达成目标

（1）知识目标：充分了解马克思主义劳动观和新时代劳动观的基本内容。

（2）能力目标：能够运用马克思主义劳动观指导个人实践活动。

（3）素质目标：树立劳动幸福观。

（二）内容概要

马克思主义劳动观是马克思主义理论体系的重要组成部分。

1. 马克思主义劳动观的主要内容

1）劳动创造人和人类社会

马克思认为劳动过程是人满足自己生存和生活需求，使自己获得主体性的过程。马克思以无产阶级的视角，从唯物史观的角度对"人类社会"做了深刻的阐释。首先，劳动创造了人。马克思认为人的本质的生成和发展是在劳动中完成的，人首先是一种自然存在物，人类在劳动过程中利用自身的自然力（手、臂、腿等），去改变自然界，同时也改变自身。人类在劳动过程中开始越来越多地体现自己的主观能动性，从动物界分离出来的就是这种有意识的劳动过程。这种特有的活动形式，其目的在于改造自然界以满足自身需求。所以马克思认为，通过劳动，人类就可以证明自身的诞生和形成。其次，劳动创建了人类社会。劳动在人类社会发展中具有基础性的作用。为了生存，人类必须生产劳动，以获得生存所必需的物质资料。劳动是社会中的劳动，在物质生产劳动中人们会结成一定的社会关系，即产生了社会，在其现实性上，社会就是个人彼此间关系的总和。

2）劳动决定人类的本质

马克思对人的本质做了全面而又准确的阐述，从人学的角度出发对劳动进行阐释，由此论述了劳动与人的本质间的关系。首先，劳动决定人的"类本质"，"类特性"就是"类本质"，马克思认为："种的类特性就在于生命活动的性质，而自由的有意识的活动恰恰就是人的类特性。"人类的劳动实践，将人与动物区分开来，人类证明自己是有意识的类存在物。其次，人的本质是社会关系的总和。只有与他人相联系，人们才能够进行生产劳动，并在生产的过程中与他人结成各种社会关系。因此，离开社会的单个人是不存在的，只要进行实践劳动，就必然会与他人结成一定的社会关系，劳动关系便是其中最基础的社会关系。因而，他认为人的本质是一切社会关系的总和。最后，劳动也是人的本质需要。人自身的需要形成了劳动实践和社会活动，人类为了生存必须进行物质生产。而人对自己的需要有一个逐步认识的过程，人类通过劳动创造物质财富，在满足当前的物质需要的同时，一定程度上也促进了人对自我需要的认知。可见，劳动实践在人的需要中发挥了重要的作用。

3）劳动实现人的本质的复归

马克思认为要实现人的本质的复归，就必须对异化劳动进行"扬弃"，实现劳动的解放，让劳动成为人自由自觉的活动，为实现人的全面解放提供最直接的条件。马克思劳动解放学说内涵十分丰富，主要包含三个层面的内容。首先，自然层面的解放。人类在劳动实践中不断发现和掌握自然规律，人的主体性得到进一步彰显，改造自然的能力进一步增强，社会生产力进一步提高。其次，社会层面的解放。主要体现在分工和私有制的消灭，以及和谐劳动关系的建立，马克思认为自由、和谐的劳动关系只有在共产主义社会才能实现。最后，人自身的解放。劳动不再是人们谋生的手段，而是人们生活的"第一需要"，人们享有充分的劳动自由，且可以根据自身需要获得劳动产品，人在劳动过程中肯定自己，实现对自己本质的复归。劳动解放的最终目的是实现人类自身的解放。在劳动解放阶段，人自由全面的发展成为人类劳动的目的，只有在共产主义社会，劳动解放才能实现，人的自由全面发展才能得到最坚实的保障。

2. 马克思主义劳动观在新时代的发展

党的十八大以来，在继承和发展马克思主义劳动观的基础上，习近平总书记结合新时代历史特点，对马克思主义劳动观进行了创新性解读，丰富和发展了马克思主义劳动观。

1）丰富了劳动的内涵

习近平总书记指出："劳动是推动人类社会进步的根本力量。"因此我们要崇尚劳动、尊重劳动者。劳动者不仅可以自由劳动，而且可以通过劳动追逐个人人生梦想，实现人生价值，创造更加美好的生活。新中国成立以来，尤其是改革开放以来，中国特色社会主义取得了举世瞩目的成就，这与全体中华儿女的辛勤劳动是分不开的，未来我们还将依靠脚踏实地的劳动实现伟大的中国梦。

2）对劳动者的劳动态度提出了新要求

新时代劳动者的劳动态度必须与社会主义市场经济相适应。习近平总书记指出："引导广大人民群众树立辛勤劳动、诚实劳动、创造性劳动的理念"。劳动者要有自主、敬业、奉献等精神，这是辛勤劳动的基本标志。劳动者要克服不劳而获的错误价值理念，树立勤劳致富的劳动观，要敬业、奉献、诚信、实干，积极进取，脚踏实地干事创业，充分发挥自身优势，立足岗位实际，创造更加优异的成绩。创造性地开展各项劳动，要求大力弘扬劳动精神、工匠精神和劳模精神。

3）关爱劳动者，强调构建和谐劳动关系

习近平总书记要求坚持人民当家作主的地位，坚持公平正义原则，构建合理的利益协调机制，不断提升劳动者的经济、政治、社会地位，实现好、维护好、发展好广大劳动者的根本利益，让他们拥有更加体面的工作。要求树立正确的利益观，依法处理劳动关系纠纷，构建起以人为本、互助共赢的和谐劳动关系。

4）重视劳动教育，提高劳动者素质

习近平总书记非常重视劳动教育，强调提高广大劳动者的综合素质。2014年，习近平总书记就加快职业教育发展作出重要指示，要求职业教育要树立正确人才观，培育和践行社会主义核心价值观，着力提高人才培养质量，弘扬劳动光荣、技能宝贵、创造伟大的时代风尚，营造人人皆可成才、人人尽展其才的良好环境，努力培养数以亿计的高素质劳动者和技术技能人才。

2020年，《中共中央 国务院关于全面加强新时代大中小学劳动教育的意见》出台，这是新中国成立以来国家最高层面首次对大中小学劳动教育进行顶层设计和系统部署，充分体现了党和政府对大中小学劳动教育的高度重视，是构建德智体美劳全面发展教育体系的重大举措。

三、案例故事

> **案例故事**
>
> ### 城市高楼上的"蜘蛛人"
>
> 2019年5月2日，在河南省郑州东站附近，"蜘蛛人"正在进行高楼外墙清洁。两根绳，一块吊板，手持刮子、铲刀，在大楼外墙"飞檐走壁"，这是城市高楼外墙清洁工的日常工作。"城市的楼越盖越多、越盖越高，加上高铁站、机场等大型设施，风吹日晒雨淋，日子久了，外表脏了，就要'美容'。我们就是城市大楼的'美容师'，也就是大家常说的'蜘蛛人'。"31岁的郭永旭是河南郑州一家城市大楼外墙高空清洗公司的负责人。和郭永旭一样，一批从事高空清洗的"蜘蛛人"常年忙碌于全国各地的高层楼宇间。
>
> 这些"蜘蛛人"是城市中不可缺少的劳动者，他们用辛勤的双手美化城市。这样的高空作业，不仅要求有专业技术，还要有健康的身体和良好稳定的情绪素质。
>
> 各种劳动的地位都是平等的，都是在创造财富，只有分工的不同，没有地位的高低。我们应该树立正确的劳动观，尊重劳动者，懂得劳动最光荣、劳动最崇高、劳动最伟大、劳动最美丽的道理。

案 例 思 考

四、拓展阅读

新时代劳动教育的基本要求（节选）

新时代劳动教育目标肩负着培养时代新人的重要历史使命。依靠劳动为人类谋福利是马克思主义劳动观的重要思想。习近平总书记强调，要"培养担当民族复兴大任的时代新人"。在实现中华民族复兴的伟大新征程上，每个大中小学生都是书写者、创造者、实践者。要鼓励学生通过辛勤劳动、诚实劳动、创造性劳动以及职业体验和各种实习实训，在实践中学习，在担当中历练，在尽责中成长，强化使命担当，增强社会责任感和历史使命感。《意见》指出，要"把准劳动教育价值取向，引导学生树立正确的劳动观，崇尚劳动、尊重劳动，增强对劳动人民的感情，报效国家，奉献社会"；"树立正确择业观，具有到艰苦地区和行业工作的奋斗精神，懂得空谈误国、实干兴邦的深刻道理"，做新时代的奋进者、开拓者和奉献者。

新时代劳动教育内容必须突出价值教育的属性。首先，劳动教育助力实现社会主义核心价值观在国家层面的道德理想。劳动教育鼓励勤劳致富，引导人们积极参与社会主义劳动实践；劳动教育关注劳动关系中的民主问题，能够增强大众的民主观念；劳动教育有利于发展社会主义先进劳动文化，提高全民族的劳动素质；劳动教育传递人与自然以及人与社会的生命共同、命运共同意识，塑造全社会的和谐共生理念。其次，劳动教育指向社会主义核心价值观在社会层面的道德目标。劳动是通往自由与平等的实践进路，经过劳动教育的规范与引导，人们能够具备自由择业、自主就业的劳动素养，形成尊重劳动和劳动人民的道德情感；劳动也是实现公正与法治的重要途径，劳动教育帮助劳动者提升捍卫合法劳动权益、自觉履行劳动义务的法律意识，维护和促进社会公平正义。最后，劳动教育涵养社会主义核心价值观在个人层面的道德规范。质朴的民族情愫和严谨的工作态度可以由劳动生成，劳动教育不仅涵养爱国之情与敬业精神，还能升华情感，引导人们将爱国之情转化为报国之行，将敬业精神转化为全身心地忘我投入，在生活中自觉践行爱国、敬业的价值准则。诚实劳动是社会诚信体系建设的基础，和谐友善的劳动关系是社会和谐的根基，劳动教育鼓励诚实劳动，主张建立和谐友善的劳动关系，由此推动全社会诚信理念和友善意识的培育、认同与践行。

（来源：光明网 2023-05-02）

主题二　树立正确劳动观

一、知识导航

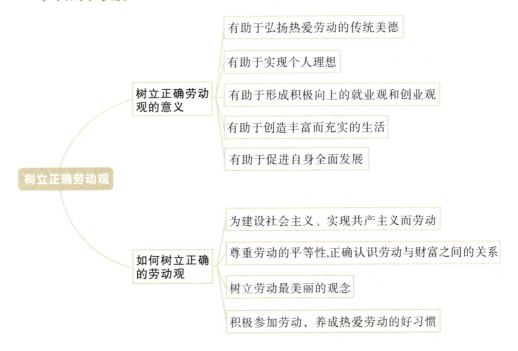

二、主要内容

（一）达成目标

（1）知识目标：充分认识树立正确劳动观对于个人、社会和国家的重要意义。

（2）能力目标：能够在工作和生活中自觉践行正确劳动观。

（3）素质目标：树立正确劳动观。

（二）内容概要

1. 树立正确劳动观的意义

1）有助于弘扬热爱劳动的传统美德

马克思说："体力劳动是防止一切社会病毒的伟大的消毒剂。"脑力劳动者参加一些体力劳动，晒晒太阳，活动筋骨，是有利于身心健康的。向社会提供劳动，获得自己生活的权利，是光荣的生存方式。古语有云"民生在勤，勤则不匮"，热爱劳动是中华民族的优秀传统美德，也是我们创造幸福的源泉。自古以来，中华民族都崇尚劳动光荣，将勤劳勇敢、艰苦奋斗作为传统美德。

2）有助于实现个人理想

劳动是财富的源泉，也是幸福的源泉。再宏伟的目标、再美好的愿景，只有靠脚踏实地劳动、勤勤恳恳工作，才能一步步变成现实。实现中华民族伟大复兴的中国梦，必须依靠知识，必须依靠劳动，必须依靠广大青年、广大知识分子、广大劳动群众。作为广大青年中的一分子，更要紧跟时代、肩负使命、锐意进取，把自身的前途命运同国家和民族的前途命运紧紧联系在一起。

3）有助于形成积极向上的就业观和创业观

正确的劳动观能够帮助我们正确认识社会劳动分工的本质，消除劳动差别观，建立劳动平等观，促进我们积极参与基层就业，加强实践锻炼，为以后的发展奠定良好基础。

4）有助于创造丰富而充实的生活

"劳动是世界上一切欢乐和一切美好事情的源泉。"生活中，劳动是一笔难得的资源和财富。人生的绚丽和精彩都是在不断的劳动和创造中写出来的。劳动使我们消除不必要的忧虑，摆脱过分的自我注意，使生活内容丰富而充实。劳动的成功与成果，可以使我们认识到自己生存的价值，因而对生活充满信心。

5）有助于促进自身全面发展

作为社会主义建设者和接班人，我们的自我完善、自身发展对实现中华民族伟大复兴的中国梦有着重要作用。合格的建设者和接班人本质上是"以劳动实现中国梦"的劳动者，既是辛勤的劳动者，也是敬业的劳动者，更是创造性的劳动者。树立正确的劳动观，有利于我们在劳动中增强体魄、磨炼意志、提升人格品质，实现以劳树德、以劳增智、以劳健体、以劳育美的目标。

2. 如何树立正确的劳动观

劳动是伟大、光荣、崇高的重要结合体，是推进社会发展和前进的动力。因此，让全社会特别是青年学生树立正确的劳动观，尊重劳动、崇尚实干，对于实现中华民族伟大复兴的中国梦具有重要意义。青年学生树立正确的劳动观，既要在"知"的层面，正确认识劳动的价值和意义，尊重劳动，崇尚实干，更要在"行"的层面，养成热爱劳动的习惯，将正确的劳动观内化于心，外化于行。

1）为建设社会主义、实现共产主义而劳动

无产阶级劳动观集中反映了无产阶级和广大人民群众的根本利益，它能够促进社会主义物质文明和精神文明建设的深入发展。我们应在工作实践中努力树立无产阶级的劳动观。新中国已经走过70多年艰难曲折而又光辉灿烂的道路，在各方面都取得了巨大的成就。但目前我国是发展中国家，摆在我们面前的困难仍然很多。我们的任务是艰巨的，还须付出更加艰辛的劳动，才能逐步达到理想境界。如何更加勤奋、科学、有效地通过劳动，加快社会主义现代化建设，是摆在全国人民，特别是青年一代面前的严峻课题。正因如此，广大青少年要努力学习本领，为社会主义现代化建设勤勉劳动、踔厉奋发，为共产主义理想的早日实现贡献智慧和力量。

2）尊重劳动的平等性，正确认识劳动与财富之间的关系

在2021年的新年贺词中，习近平总书记将快递小哥、环卫工人、出租车司机以及千千万万的劳动者赞美为美好生活的创造者与守护者。的确如此，收入的高低与工作辛苦与否从来不是评判劳动是否高贵的标准，劳动的真谛在于创造价值。不管是从事体力劳动还是从事脑力劳动，不管是从事简单工作还是从事复杂工作，不管是从事重要工作还是从事一般性工作，性质都是一样的，其地位都是平等的，都是用自己的双手和大脑，为人类和社会进步做出自己的贡献。只有理解了这一点，才能客观地看待自己劳动的岗位，愉快地服从组织分配的任何工作，爱岗敬业，在本职岗位上建功立业，用辛勤劳动实现"我的梦"，进而助推"中国梦"的早日实现。

劳动不仅创造着有形的物质财富，还创造着无形的精神财富，劳动在丰富物质生活的同时，也在塑造着劳动者的精神世界。正确的劳动观，是既重视物质财富的产出，又重视精神财富的产出，既重视物质上的回报，又重视精神上的满足。树立正确劳动观，就应该把国家利益和人民利益放在首位，以集体利益为重，自觉强化奉献意识，用辛勤劳动报效祖国，服务人民。

3）树立劳动最美丽的观念

"劳动最美丽"是从创造性劳动的角度认识劳动。劳动创造美，不只是说劳动者最终创造出了劳动产品，还包括劳动者在劳动中发挥了创新意识和创新思维。要重视创造性劳动，树立创造性劳动意识。

培养大学生正确的劳动价值观是高校立德树人的应有之义，是以劳动托起中国梦的时

代诉求，是促进大学生全面健康发展的现实需要。因此，新时代高校要加强对大学生的劳动教育，首先要抓好大学生的劳动价值观教育，从明晰劳动本质与价值、肯定劳动者地位与作用、弘扬劳模精神和工匠精神、树立创造性劳动意识等层面对大学生予以教育，使大学生真正懂得"劳动最光荣、劳动最崇高、劳动最伟大、劳动最美丽"的道理。

4）积极参加劳动，养成热爱劳动的好习惯

良好的劳动习惯主要表现在热爱劳动、习惯劳动、适应劳动、自觉自愿地参加劳动。良好的劳动习惯不是与生俱来的，而是在长期的社会实践中逐渐养成的。青年学生作为我国社会主义事业建设的希望和栋梁，要从自身做起，从现在做起，身体力行，逐渐养成热爱劳动的良好习惯。只有在生活中、工作中保持一如既往的热情和干劲，将对劳动的满腔热爱化为脚踏实地的辛勤工作、诚信劳动和创造性劳动，才能永葆奋斗品质，为祖国建设添砖加瓦，为实现中华民族的伟大复兴和现代化强国贡献力量。

三、案例故事

案例故事

除险英雄任羊成的故事

一个普通的山里人，穿着一件破棉袄，憨厚朴实，头戴一顶草编的工程帽，嘴里掉了四颗牙，腰系一根大绳，手握一根钢钎，笑得自然，笑得从容。他就是建设红旗渠的特等劳动模范任羊成。

1929年，他出生在河南林县东北角古城村的一户农民家里，上有六个哥哥一个姐姐，因为家里穷，母亲身体不好，没有奶水，靠羊的奶水把他喂养成人。从此，他就有了一个响亮的名字——任羊成。

任羊成在兵荒马乱、饥寒交迫中度过了一个个春夏秋冬。新中国成立后，他下定决心，一定要带领群众干一场轰轰烈烈的大生产运动，从互助组长、初级社社长、高级社社长到村里的民兵连连长，他一步一个脚印地走向了社会主义。

林县由于地理环境的原因，十年九旱，严重缺水，靠天吃饭，当地人饱受干旱缺水之苦，因用水而引起的悲惨遭遇接连不断。1959年10月，县领导做出了"引漳河水入林县"的重大决策，迈出了重新安排林县山河的历史性一步。

1960年元宵节刚过，积雪未消，任羊成随着浩浩荡荡的建渠大军，推着小车，

模块二　强化劳动观念　增强劳动意识

背着行李工具、锅碗炊具，向着分段的工地出发了。当时的工地上，一无住房，二无道路，只是一片荒山沟，他们搭席棚，睡山洞，有的干脆睡在山崖下，天做被子地当床。

1960年6月12日上午，在红旗渠鸻鹉崖工地上，民工们正干的热火朝天，崖头上一块巨大的石头带着碎石流滚落下来，砸向施工的人群，瞬间牺牲9人，重伤3人。为了确保施工安全，领导决定组织一支专业除险队，任羊成主动找领导要求说："我做过爆破手，给我几个人，我一定能完成任务。"后来，他被大家推选为除险队队长。

在进行除险作业时，他依靠一根绳子，像荡秋千一样，接近石壁，在与石壁接触的瞬间用钢钩除掉险石，遇到大的险石，就用炸药把它炸毁，绳子随时都有可能被山石绞断，他也随时有可能跌入万丈深渊。有人比喻这就是在老虎嘴里拔牙，如果稍有闪失，身体与悬崖撞击，后果不堪一想。除险人员除下来的石头往往又是顺着手中的铁钩往头上走的，所以，一不留神很容易砸到自己，随时都有生命危险。有一次，在虎口崖施工时，很多碎石头从上面不停地往下掉，任羊成躲避不及，有一块拳头大小的石头不偏不倚正砸在他嘴上。他感到脑袋"嗡"的一声，就失去了知觉。随即，他便在空中旋转起来。停了一会儿，他才清醒过来，心想：你砸你的，只要砸不死，我就干我的。当任羊成完成任务平安落地的时候，他露出了胜利的笑容，虽然笑起来很痛，但他却为自己圆满完成任务而感到由衷的高兴。

案例思考

四、拓展阅读

依靠劳动创造扎实推进中国式现代化

在"五一"国际劳动节到来之际，习近平总书记向全国广大劳动群众致以节日的祝贺和诚挚的慰问，勉励广大劳动群众大力弘扬劳模精神、劳动精神、工匠精神，诚实劳动、勤勉工作，锐意创新、敢为人先，依靠劳动创造扎实推进中国式现代化，在强国建设、民族复兴的新征程上充分发挥主力军作用。

劳动是人类的本质活动，是推动人类社会进步的根本力量。马克思指出："任何一个民族，如果停止劳动，不用说一年，就是几个星期，也要灭亡。"劳动光荣、创造伟大，是马克思主义劳动观的基本观点，是对人类文明进步规律的重要诠释，也是深深植根于中华民族血脉的精神基因。党的十八大以来，习近平总书记多次强调劳动的重要性，深刻指出"劳动是一切幸福的源泉"，"劳动是一切成功的必经之路"，"劳动者素质对一个国家、一个民族发展至关重要"。

劳动创造幸福，实干成就伟业。中华民族从站起来、富起来到强起来，每一步都浸透着亿万劳动群众的辛勤汗水和默默奉献。从新民主主义革命时期的"边区工人一面旗帜"赵占魁、"新劳动运动旗手"甄荣典，到社会主义革命和建设时期的"铁人"王进喜、"宁肯一人脏、换来万人净"的时传祥，到改革开放和社会主义现代化建设新时期的"蓝领专家"孔祥瑞、"知识工人"邓建军……正是由于一个个劳动者埋头苦干、忘我奉献，才一砖一瓦建设起社会主义雄伟大厦。进入新时代，"桥吊状元"竺士杰、"金牌焊工"高凤林、"当代愚公"黄大发等一大批先进模范人物，为祖国作奉献、与新时代齐奋进，激励着广大人民争做新时代的奋斗者，谱写了"中国梦·劳动美"的新篇章。可以说，当代中国取得的一切发展成就、中国人民今天拥有的幸福生活，都是广大劳动人民撸起袖子干出来的。

今年是全面贯彻党的二十大精神的开局之年，是实施"十四五"规划承前启后的关键之年。做好经济社会发展各项工作，实现全面建设社会主义现代化国家开好局起好步，必须紧紧依靠人民、始终为了人民，必须更加重视广大劳动群众的主力军作用，依靠团结奋斗应变局、开新局。要在全社会大力弘扬劳模精神、劳动精神、工匠精神，贯彻尊重劳动、尊重知识、尊重人才、尊重创造的重大方针，树立辛勤劳动、诚实劳动、创造性劳动的理念，让劳动光荣、创造伟大成为铿锵的时代强音。各级党委和政府要充分激发广大劳动群众的劳动热情和创新创造活力，切实保障广大劳动群众合法权益，用心帮助广大劳动群众排忧解难，推动全社会进一步形成崇尚劳动、尊重劳动者的良好氛围。

模块二 强化劳动观念 增强劳动意识

以中国式现代化全面推进中华民族伟大复兴的宏伟蓝图，成果人人有份，责任也人人有份。依靠劳动创造扎实推进中国式现代化，要求我国广大劳动群众坚定不移听党话、矢志不渝跟党走，把党和国家确定的奋斗目标作为自己的人生目标，自觉把人生理想、人生奋斗融入强国建设、民族复兴的历史伟业之中。要立足本职岗位诚实劳动，干一行、爱一行、钻一行，养成善于学习、勤于思考的习惯，增强创新意识、培养创新思维，适应新一轮科技革命和产业变革的需要，勤学苦练、深入钻研，不断提高技术技能水平，在平凡岗位上干出不平凡的业绩。

"社会主义是干出来的，新时代是奋斗出来的。"面对这样一个千帆竞发、百舸争流、有机会干事业、能干成事业的时代，只要广大劳动群众深入贯彻落实党的二十大精神，更加紧密地团结在以习近平同志为核心的党中央周围，勤于创造、勇于奋斗，就一定能够创造新的时代辉煌、铸就新的历史伟业。

（来源：求是网 2023-05-01）

主题三　增强劳动意识和劳动观念

一、知识导航

二、主要内容

（一）达成目标

（1）知识目标：树立劳动意识，发现劳动观念中存在的问题。

（2）能力目标：能够增强劳动意识和劳动观念。

（3）素质目标：形成坚强的劳动意志，增强劳动观念和劳动意识。

（二）内容概要

当前，中国特色社会主义进入新时代，大学生面临着前所未有的挑战和机遇，要想把握好时代机遇、成功应对挑战，需要增强劳动意识和劳动观念，树立正确的劳动价值观，以昂扬的精神和饱满的热情在劳动中不断磨炼自身意志，担负起实现中华民族伟大复兴中国梦的时代使命。

1. 提升劳动境界，主动承担社会责任

增强劳动观念和意识，首先要从自身出发，以马克思主义劳动观为基础，把劳动看作应尽的义务和光荣的职责，将自身价值与社会价值紧密联系起来，为了国家和集体的利益，自觉自愿投入劳动。目前，我们党要团结带领全国各族人民全面建成社会主义现代化强国、

实现第二个百年奋斗目标，以中国式现代化全面推进中华民族伟大复兴，更加强调个人与社会的融合发展。大学生应当增强集体主义意识，增强社会责任担当，在日常劳动中自觉把国家和人民的利益摆在首位，正确处理权利与义务、付出与收获的关系，积极投身公益、服务奉献，利用课余时间，参与社区建设、环境保护，注重培育公共服务意识，以国家富强、民族振兴、人民幸福为己任。因此，要着重培养大学生形成蕴含"爱岗敬业、争创一流、艰苦奋斗、淡泊名利、甘于奉献"等一系列丰富内涵的奉献精神和集体主义精神，这是社会主义社会广大劳动者的精神向往和道德追求。养成大学生甘于奉献的精神品质，不怕吃亏的态度，在工作与生活中不计较名利和个人得失的心态。培养大学生的社会责任感，尤其在面对各种风险挑战时，要树立公共服务意识，心系人民，回报社会。

习近平总书记在党的二十大报告中指出："中国始终坚持维护世界和平、促进共同发展的外交政策，致力于推动构建人类命运共同体。"建设人类命运共同体，意味着全世界人民追求共同的梦想，承担共同的责任。大学生必须树立全球视野，增强合作意识，深入学习习近平新时代中国特色社会主义思想，增强"人类命运共同体"的认同，在劳动意识上向"共商、共建、共享、合作、共赢"的理念靠拢，将个人劳动意识与世界更快更好发展相结合，追求真正意义上的自我实现、达成个人与人类社会发展的统一。

2. 调整劳动心理，磨砺劳动意志

劳动意志是学生在劳动中根据自己确定的目标和承担的劳动任务，调节自身行动、解决难题、实现预定目标的心理倾向，也是当前大学生劳动意识的薄弱部分。大学生处在获取职业技能，由校园走向社会的关键时期，提高劳动过程中的心理调节能力和解决问题能力，对于日后走向工作岗位至关重要。苏霍姆林斯基认为："我们力求使孩子在自己的劳动中能体验到、感觉到自己的荣誉、自尊，能为自己的成果而自豪。"劳动过程中的情绪体验会直接影响到劳动的效率和成果。因此，大学生在劳动过程中要用积极的心态和充沛的信心来面对劳动过程中的困难和挑战，劳动积极性和信心的树立可加强劳动价值观在大学生思想中的坚固地位，并为后续的劳动提供心理支撑。在劳动心理的调适过程中，大学生要通过劳模精神、工匠精神的学习，将模范人物的先进事迹和精神内化为自身的劳动意识，做到对劳动过程中的困难有良好的心理准备。大学生只有不断练就强大的心理素质，再通过积极的实践锻炼，才能在以后的竞争中脱颖而出。

3. 正确认识劳动分工

传统的体力劳动与脑力劳动概念早已不适用于现代科技社会的区分标准。因为现代脑力劳动少不了体力劳动的参与，体力劳动也需要脑力劳动的支撑，尤其是大批技术劳动，在体力劳动的同时不仅有脑力劳动还需要创造性劳动。

大国工匠的成长，无一不体现了两种劳动的交融，并充分体现了创造性劳动的过程。这种创造虽然与科学家的科研创造不同，是渐进的、改良的、技术革新式的创造，但同样是直接促进生产力发展的创造。当下，开出租、送外卖这类简单劳动中也涌现出了一批"草根MBA"。他们不仅收入丰厚且精神充实，真正体现了劳动光荣、劳动崇高、劳动伟大、劳动创造新时代的生活理念。所谓"草根MBA"的成功秘诀，实质就是"用心用脑"去劳动，在简单劳动中实施有创意的劳动，在优质服务社会的同时实现个人的财富积累和社会价值的创造。

4. 积极参与劳动实践，提升劳动自觉性

大学生增强劳动意识和劳动观念的过程中离不开劳动实践锻炼。实践是认识的来源，也是检验认识真理性的唯一标准。让大学生积极参与劳动实践活动能更好地巩固大学生所接受的劳动教育内容。只有在正确劳动观教育的引导下，结合劳动实践活动的磨炼，才能让大学生真切体会到劳动的不易，并从中感悟出劳动的价值，从而激发大学生的劳动热情，增强大学生的劳动意识和劳动观念，进而使大学生劳动观教育的效果大大增加。不论是家务劳动还是学校的义务劳动，又或是社会性公益劳动，大学生在学习之余都应该主动参加，做到劳逸结合。大学生在参加各类劳动实践活动的过程中既可以缓解学习上的压力，使大脑得到适当的放松，又能够强身健体，为刻苦学习打好身体基础，还能够磨炼大学生的劳动意志，培养其吃苦耐劳的劳动精神，为勤奋学习提供精神动力。

首先，大学生应主动承担起家务劳动，在帮助父母分担家务的同时培养自己独立生活的能力，增强自己的劳动自觉，从劳动中获得成就感。其次，应在认真学习劳动理论的基础上积极参加学校组织的劳动活动，在和同学合作的过程中培养集体意识、团队精神和吃苦耐劳的劳动品格。最后，应利用节假日的时间适当参与一些社会性的实践活动，在积累劳动经验的同时，形成坚强的劳动意志，增强劳动观念和劳动意识，为将来就业打下坚实的根基。

三、案例故事

案例故事1

"耶鲁村官"秦玥飞：君子通大道 修行在基层

20岁，秦玥飞以优异成绩考入耶鲁大学，26岁，秦玥飞从耶鲁毕业后，却来到湖南一个小山村，走上一条进基层、当"村官"的实干路。

湖南省衡山县的贺家山村是山里的一个普通村庄，2011年8月，"村官"小秦在这里正式上岗。为了尽快融入村民，秦玥飞改掉"一天洗两次澡"的生活习惯，长期穿着老乡送的一双解放胶鞋。为了能让村里的老人记住自己，他尽量以固定颜色和样式的穿着出现在老人面前。

仅仅一年时间，无钱无背景的他，就帮村民引进了80万元现金，为当地改善水利灌溉系统、硬化道路、安装路灯、修建现代化敬老院，为乡村师生配备平板电脑开展信息化教学……秦玥飞说，任何一个项目他都会做好详尽的预算和规划。他不自作主张替村民做任何决定，但只要是村民要办的事，绝不允许自己办不到。秦玥飞成了"贺家山的人"，村民们都亲切地叫他"耶鲁哥"。有朋友形容秦玥飞是理想主义者，他自己则更正为是"有理想的践行者"。2013年，秦玥飞被评为"最美村官"，立个人一等功一次。

2014年服务期满，秦玥飞放弃提拔机会，转至白云村续任大学生村官。他认为"输血"并非最可持续的乡村发展模式，因此转变模式用"造血"建设乡村。秦玥飞带领村民创办农民专业合作社发展山茶油产业，通过创业创新为当地创造可持续发展动力。

为吸引更多优秀人才服务乡村，秦玥飞与耶鲁毕业的其他中国同学发起了"黑土麦田公益"项目，支持优秀毕业生到国家级贫困县从事精准扶贫和创业创新。近30名来自清华、北大、复旦、人大、中国社科院等院校的"乡村创客"在15个村庄开展产业扶贫与创业创新，得到了当地政府与村民的好评。

这个一直想在"公共服务领域干点事儿"的年轻人，把"村官"看作是实现自己梦想最重要的舞台和起点。秦玥飞想用自己的所学和所长为国家的发展出一份力。他认为，大学生村官是一个非常好的开放性的平台，农村各个领域的事务都可以通过这个平台去学习。利用这个平台，秦玥飞想更好地服务村民，也想更好地了解自己和自己的国家。

"我觉得乡村有巨大的人口在那，而且幅员非常辽阔，有很大的潜力，当然也存在一些改进的空间。正好是年轻人施展才华、施展抱负的地方。"秦玥坚定地说道。

案例思考

案例故事2

八步沙"六老汉"三代人治沙造林让荒漠变绿洲

八步沙是腾格里沙漠南缘凸出的一片沙漠，是甘肃古浪县最大的风沙口。"一夜北风沙骑墙，早上起来驴上房"是昔日八步沙的真实写照。20世纪80年代，六位年逾半百的当地农民不甘心世代生活的家园被黄沙吞没，立下治沙誓言，卷起铺盖挺进八步沙，用愚公精神在这里创造生命奇迹。

四十多年前的八步沙，风沙漫天，沙进田无。面对日益严峻的生存危机，1981年，郭朝明、贺发林、石满、罗元奎、程海、张润元六人，在沙漠承包合同书上郑重摁下指印，承包治理7.5万亩流沙，组建八步沙集体林场。那一年，郭朝明年纪最大，有61岁，而最小的张润元也已年近50。"谁都没见过沙漠里面能长出树苗苗！"郭朝明老汉的儿子郭万刚回忆，摁了红手印后的那几天，父亲经常躺在炕上对着顶棚发呆。

六老汉不怕吃苦，最怕的是栽在沙漠里的树苗活不了。"一步一叩首，一苗一鞠躬"，带着悲壮又神圣的心情，六老汉把一棵棵小苗埋进沙窝窝里，在沙漠里栽下一万亩树苗。"本来能成活七成，然而一场风沙过去，活过来的树苗连30%都不到了。"张润元说，望着所剩无几的树苗，我们没有灰心，反而觉得只要有活的，就说明这沙能治，信心更足了。六老汉在失败中摸索，他们发现，草墩子旁边的树苗成活率很高。第二年就在树窝周围埋上麦草，把沙子固定住，树苗的成活率明显提高。"一棵树，一把草，压住沙子防风掏"也成为最经济实用的治沙工程技术措施。在沙漠中种树难，管护更难。为了保护辛辛苦苦种下的林子，六老汉吃住都在沙地里。他们在沙地上挖个坑，上面用木棍支起来盖点茅草当房子，再放3块砖支一口锅，饿了就烧点水，啃个馒头，一日三餐在沙窝窝里解决。张润元回忆："有时候半夜突然起大风，茅草被卷得七零八落，我们只能头顶被子，在冰冷的地坑里挨到天亮。"直到1983年，在古浪县林业局的帮助下，他们修建了三间房子，居住条件才有所改善。

郭万刚说，在六老汉的眼里，八步沙就是他们的"命"。即便是90年代面临资金困难，没有经济收入的时候，他们守着千万元的绿色财产，也没伐一棵树、没拔一棵草。1990年，石满老汉被诊断出肝硬化晚期，仍坚持进沙漠巡林，他说："一天看不到我的林子，就心里发慌。"到了1992年夏天，他永远地离开了八步沙。临终前，石老汉留下遗愿："我要把八步沙的林子都看见。"如今，石老汉安息的地方离他的家很远，离八步沙的树很近。"黄沙不退人不退，草木不活人不走。"六老汉用十年的时间，征服了曾经每年以7.5米速度向南推移的八步沙，4万多亩沙丘披上了绿装，周围7800亩土地和4个村镇得到了保护。

"虽我之死，有子存焉；子又生孙，孙又生子；子又有子，子又有孙；子子孙孙无穷匮也……"眼看着八步沙的树绿了，老汉们的头也白了，他们舍不得这片林子。1991年、1992年，贺老汉、石老汉因过度劳累和肝病相继离世，郭老汉和罗老汉于2005年和2018年先后去世。第一代治沙人六老汉四个走了，两个年纪大了，干不动了，但7.5万亩的八步沙才治了一半。张润元说："治沙就是个苦力活，得有耐心、苦心和坚持心。"正是因为这一股执拗劲，六老汉把治沙的重任交给了自己的下一代，他们约定：不论多苦多累，我们六家人必须有一个继承人，把八步沙管下去。为了完成父辈人的遗愿，郭老汉的儿子郭万刚、贺老汉的儿子贺忠祥、石老汉的儿子石银山、罗老汉的儿子罗兴全、程老汉的儿子程生学、张老汉的女婿王志鹏，接过了治沙接力棒，成为八步沙的第二代治沙人。

在郭万刚等第二代治沙人的努力下，2003年，7.5万亩八步沙的治理任务完成。如今的八步沙已经形成一条南北长10千米、东西宽8千米，林草良好的防风固沙绿色屏障。郭万刚他们又主动请缨，向腾格里沙漠风沙危害最为严重、远离林场25千米的黑岗沙、大槽沙、漠迷沙三大风沙口发起挑战。自2003年至今，完成治沙造林6.4万亩，封沙育林11.4万亩，栽植各类沙生苗木2000多万株，造林成活率65%以上，林草植被覆盖度达到60%以上。郭朝明的孙子郭玺也是林场的一员，他和林场的一群大学生参与防沙治沙的事业，成为八步沙第三代治沙人。以前从没治过沙的他们积极向父辈们请教，学习治沙经验，从六老汉时代的"一棵树，一把草，压住沙子防风掏"，到现在的打草方格、细水滴灌、地膜覆盖等，第三代治沙人的治沙方式，在父辈的基础上不断创新。

多年来，八步沙的三代愚公已经累计完成治沙造林21.7万亩，管护封沙育林草37.6万亩，八步沙林场发展为古浪县唯一一家由农民联户组建的生态公益性林场，也成为甘肃省农民联户承包治沙造林的典型之一。

案例思考

模块二　强化劳动观念　增强劳动意识

案例故事 3

中国探月工程群体里的坚强团队

2020 年 12 月 30 日,"嫦娥五号"导航制导与控制团队被共青团中央授予"中国青年五四奖章集体"称号。该团队主要承担我国探月工程导航制导与控制任务,他们解决了月球轨道自主停靠、月面自主定姿(定位)、自主月面上升等一系列关键技术,保证了"嫦娥五号"在飞行各阶段的正常飞行,实现了近月制动、月面软着陆、月面起飞、月球轨道交会对接和再入返回等。该团队由 156 名成员组成,是一支以青年科技骨干为主体、老中青结合的坚强战斗集体,团队有 35 岁以下青年 98 人,占研制队伍总人数的 63%。

2020 年,成功发射"嫦娥五号"的文昌航天发射场科技人员团队中最年轻的女指挥员周承钰年仅 24 岁。她 2018 年毕业,在参加工作两年半的时间内就参加了 5 次测发任务,从一级连接器配气台、二级连接器配气台、后端工作站,再到动力箭上、连接器指挥。据媒体报道,文昌航天发射场科技人员团队平均年龄只有 30.9 岁。

参与研制"嫦娥五号"对接与月壤样品转移机构的王曙群团队事迹,光荣入选中央宣传部、全国总工会联合发布的 2020 年"最美职工"先进事迹。从神舟八号到神舟十一号,从天宫到天舟,该团队先后共参与了 7 次飞行试验考核,圆满完成了 13 次交会对接试验任务,王曙群带领团队所提供的对接机构已是战功赫赫。在大家心目中他已是对接机构中国制造的"代言人"。在"嫦娥五号"相关产品研制任务中,他们以"特级技师+青年技能人员"的模式合力参与总装研制,让新生代技师得以迅速成长,3 年累计培养了 42 名高级工、17 名技师。

案例思考

四、拓展阅读

以伟大建党精神引领新时代劳动教育（节选）

加强新时代劳动教育是全面贯彻落实党的教育方针的基本要求，是办好人民满意教育的重要内容，是加快建设高质量教育体系、建成教育强国的重要举措。我国已经进入新发展阶段，劳动群体、劳动形态、劳动关系、劳动工具、劳动技术、劳动环境等诸多方面都出现了前所未有的新变化，我们要以伟大建党精神引领新时代劳动教育，充分发挥其信仰引领、使命导向、品格锤炼、情怀培养的重要作用，教育引导广大青年树立正确的劳动价值观，传承红色基因、继续革命传统、赓续红色血脉，培养堪当民族复兴重任的时代新人。

筑牢劳动教育的信仰之本。坚持真理、坚守理想是伟大建党精神的精神基石，是中国共产党人的政治灵魂。党的二十大报告指出，"马克思主义是我们立党立国、兴党兴国的根本指导思想。实践告诉我们，中国共产党为什么能，中国特色社会主义为什么好，归根到底是马克思主义行，是中国化时代化的马克思主义行"。中国共产党一百年来之所以能够开辟伟大道路、创造伟大事业、取得伟大成就，能够经受一次次挫折又一次次奋起，归根到底在于千千万万中国共产党人对真理的坚持和理想的坚守。党的十八大以来，我们迎来中国共产党成立一百周年、中国特色社会主义进入新时代、完成脱贫攻坚、全面建成小康社会的历史任务，实现第一个百年奋斗目标，这三件具有重大现实意义和深远历史意义、彪炳中华民族发展史册、对世界具有深远影响的历史性胜利的大事，源于共产党人对马克思主义的坚定信仰、对中国特色社会主义的坚定信念、对共产主义崇高理想的不懈追求。

广大青年是党和国家的希望，是民族的未来。青年理想远大、信念坚定，是一个国家、一个民族无坚不摧的前进动力。以伟大建党精神引领劳动教育，充分发挥伟大建党精神的信仰引领作用，筑牢劳动教育的信仰之本，教育引导广大青年坚定不移听党话、跟党走，怀抱梦想又脚踏实地，坚决抵制好逸恶劳、贪图享受、不劳而获、奢侈浪费等错误思想，立志做有理想、敢担当、能吃苦、肯奋斗的新时代青年。

（来源：《中国社会科学报》2022-12-06）

模块三
遵守劳动法规　保障劳动权益

主题一　依法保障劳动权益

一、知识导航

依法保障劳动权益
- 我国劳动权益保护相关的法律法规
- 劳动者依法享有的劳动权益：劳动者就业权、劳动报酬权、休息休假权、劳动安全卫生权、社会保险和福利权、接受职业技能培训权、提请劳动争议处理权等
- 职业院校学生劳动权益保护
  - 实习中的劳动权益保护
  - 就业中的劳动权益保护

二、主要内容

（一）达成目标

（1）知识目标：了解我国劳动者的基本权益及维护途径，了解职业院校学生劳动权益保护的相关知识。

（2）能力目标：掌握维护劳动者权益的基本方法，学会保护自身合法的劳动权益。

（3）素质目标：通过学习增强法律意识及劳动权益保护意识。

（二）内容概要

当前，劳动关系已经成为最基本、最重要的社会关系之一，它主要指劳动者与所在单位之间在劳动过程中建立的关系。劳动关系中的劳动者依法享有劳动权益，我国多部法律法规对劳动者的劳动权益作出了具体的规定。劳动者在劳动过程中应该享受哪些合法权益？如何使劳动者的权益得到切实的保障？这是作为职业院校的学生都应该了解和掌握的基本知识和能力。

1. 我国劳动权益保护相关的法律法规

目前，我国《中华人民共和国宪法》（以下简称宪法）、《中华人民共和国劳动法》（以下简称劳动法）、《中华人民共和国劳动合同法》（以下简称劳动合同法）、《中华人民共和国劳动争议调解仲裁法》（以下简称劳动争议调解仲裁法）、《中华人民共和国社会保险法》（以下简称社会保险法）等法律法规对劳动者的权益进行了规定，为保护劳动者的权益提供了法治保障，为打造和谐的劳动关系奠定了基础。

劳动法律法规的最高法律：宪法。宪法是我国的根本大法。宪法第四十二条规定："中华人民共和国公民有劳动的权利和义务。国家通过各种途径，创造劳动就业条件，加强劳动保护，改善劳动条件，并在发展生产的基础上，提高劳动报酬和福利待遇。"宪法第四十三条规定："中华人民共和国劳动者有休息的权利。国家发展劳动者休息和休养的设施，规定职工的工作时间和休假制度。"

劳动基本法：劳动法。劳动法是我国第一部系统规范劳动关系、规定劳动权利和义务等内容的法律法规，是为了保护劳动者的合法权益，调整劳动关系以及与劳动关系有密切联系的其他社会关系而制定的。根据劳动法规定，劳动者享有平等就业和选择职业的权利、取得劳动报酬的权利、休息休假的权利、接受职业技能培训的权利等。

最直接保护劳动者合法权益的制度：劳动合同法。劳动合同法对劳动法中有关劳动合同的相关问题作了进一步的梳理与规范，是为了完善劳动合同制度，明确劳动合同双方当事人的权利和义务，保护劳动者的合法权益，构建和发展和谐稳定的劳动关系而制定的。具体而言，主要对试用期、劳动合同的具体内容、劳动合同的解除和终止、劳务派遣、无固定期限劳动合同等问题进行了规范和完善，是最直接的保护劳动者合法权益的法律文件。

维权的指路标：劳动争议调解仲裁法。当劳动者在劳动过程中与用人单位发生争议时，劳动者可以通过劳动争议调解仲裁法来进行处理。这部法律就是为了公正及时解决劳动争议，保护当事人合法权益，促进劳动关系和谐稳定所制定的，于2007年12月29日通过，自2008年5月1日起施行。具体而言，主要对适用本法的劳动争议，发生劳动争议后的调解、仲裁等方面进行了具体规定。

劳动保障制度：社会保险法。一个人的职业生涯难免会出现失业、患病、生育、伤残、死亡等情况，此时劳动者无法通过劳动获取劳动报酬，但可以得到国家和社会的帮助，这就是社会保险制度。在我国，国家建立基本养老保险、基本医疗保险、工伤保险、失业保险、生育保险等社会保险制度，保障公民在年老、疾病、工伤、失业、生育等情况下依法从国家和社会获得物质帮助的权利。为了规范社会保险关系，维护公民参加社会保险和享受社会保险待遇的合法权益，使公民共享发展成果，促进社会和谐稳定，根据宪法，制定了社会保险法，并于2011年开始施行。

2. 劳动者依法享有的劳动权益

劳动者权益，是指劳动者作为人力资源的所有者，在劳动关系中，凭借从事劳动或从事过劳动这一客观存在获得的应享有的权益。

劳动者就业权。劳动者就业权包括劳动者平等就业和选择职业的权利。平等就业权是指劳动者就业，不因民族、种族、性别、宗教信仰等不同而受歧视，拥有平等获得就业机会的权利。自主择业权一方面是指劳动者可以根据自己的意愿、特长、兴趣、能力等选择用人单位，不受外界强迫；另一方面是指劳动者在就业后所享有的辞职权，但劳动者若违反劳动合同约定须依法承担法律责任。

劳动报酬权。获得劳动报酬权是劳动者的重要权利之一，是指劳动者有权按照自己提供劳动的数量和质量取得应得工资收入的权利。同时，劳动者也有独立支配自己劳动报酬的权利。

休息休假权。我国宪法规定，劳动者有休息的权利。劳动法规定的休息时间包括工作间隙、两个工作日之间的休息时间、公休日、法定节假日及年休假、探亲假、婚丧假、事假、生育假、病假等。

劳动安全卫生权。劳动安全卫生权是保证劳动者在劳动中的生命安全和身体健康的一项基本劳动权利，是对享受劳动权利的主体切身利益最直接的保护。劳动法规定用人单位必须为劳动者提供符合国家规定的劳动安全卫生条件和必要的劳动防护用品，对从事有职业危害作业的劳动者应当定期进行健康检查；此外，劳动法还规定了对未成年职工和女职工的特殊保护。

社会保险和福利权。疾病和年老是每一个劳动者都不可避免的。社会保险是劳动力再生产的一种客观需要，它是指国家和用人单位依照法律规定或合同约定，对具有劳动关系的劳动者在退休、患病、负伤、因工伤残或者患职业病、失业、生育等情况下，为保证其基本生活需要，给予物质帮助的一种社会保障制度。

接受职业技能培训权。职业技能培训是指对准备就业的人员和已经就业的职工，以培养其基本的职业技能或提高其职业技能为目的而进行的技术业务知识和实际操作技能的教育和训练活动。

提请劳动争议处理权。劳动争议是指劳动关系当事人，因执行劳动法或履行劳动合同的规定引起的争议。在发生争议时，劳动者可以依法申请调解，也可以向劳动仲裁委员会申请仲裁，对仲裁裁决不服的还可以依法提起诉讼。

法律规定的其他权利。劳动者还依法享有法律规定的其他权利，包括民主管理权、集体协商权等。

保护劳动者的权益其实就是要保护劳动者这些基本的、合法合理的权益不受侵犯，这些权益能否得到有效的保护直接关系到劳动者的生存和发展，影响社会和谐发展。

3. 职业院校学生劳动权益保护

作为一名职业院校的学生，需要明确当前我国的劳动法律法规，清楚地知道自己在实习、就业中所享有的劳动权益，增强法律意识，让法律为今后的学习、工作或创业保驾护航。

（1）实习中的劳动权益保护。大学生实习是指学生经学校安排或批准，前往企事业单位进行专业技能培养的实践性教育教学活动。学生参加实习是职业院校教学活动的重要组成部分。根据《职业学校学生实习管理规定》的内容，在实习过程中，学生的劳动权益主要包括以下几个方面：

①学生在参加实习前，职业学校、实习单位、学生三方应签订实习协议。未按规定签订实习协议的，不得安排学生实习。

②实习管理主体是学校和实习单位，学校和实习单位要分别选派实习指导教师和专门人员全程指导、共同管理学生实习，依法保障实习学生的基本权利。

③参加实习的学生有权利要求学校安排符合专业培养目标要求，与学生所学专业对口或相近的岗位进行实习。除了部分专业有特殊要求，并报上级主管部门备案外，实习单位不得安排学生从事高空、井下、放射性、易燃易爆，以及其他具有较高安全风险的实习；禁止违反法律或相关保护规定安排学生实习；禁止安排学生到酒吧、夜总会、歌厅等营业

模块三　遵守劳动法规　保障劳动权益

性娱乐场所实习；禁止通过中介机构或组织安排管理学生实习工作。

④实习单位应遵守国家关于工作时间和休息休假的规定，除了已报备案之外，实习单位不得安排学生在法定节假日实习、加班和上夜班。

⑤实习学生有获得实习报酬的权利，实习单位应参考本单位相同岗位的报酬标准和实习学生的工作量、工作强度等因素，合理确定实习报酬，原则上不能低于本单位相同岗位试用期工资标准的80%。

⑥学校和实习单位不得向学生收取实习押金、实习报酬提成、管理费或者其他形式的实习费用；不得扣押学生的居民身份证；不得要求学生提供担保或以其他名义收取学生财物。

⑦学校组织学生到外地实习，应当安排学生统一住宿；具备条件的实习单位应为实习学生提供统一住宿。学校和实习单位要建立实习学生住宿制度和请销假制度。

⑧实习单位要加强对实习学生的安全生产教育培训和管理，保障学生实习期间的人身安全和健康。

⑨未满18周岁的学生参加实习，应取得学生监护人签字的知情同意书，学生在实习前需将实习协议提交所在学校。

⑩对于违反规章制度、实习纪律及实习协议的学生，学校及实习单位需进行批评教育；情节严重的，经双方研究后，由学校给予纪律处分；给实习单位造成财产损失的，学生应当依法予以赔偿。

作为新时代职业院校的青年学生，要遵守相关的法律法规，在参加实习实训、社会服务劳动的过程中，应遵守学校的实习要求及实习单位的规章制度、实习纪律和劳动协议，按时完成规定的实习任务，更要树立牢固的法律意识，对于侵犯自身合法权益的行为，要学会运用法律武器进行维护。

（2）就业中的劳动权益保护。大学生作为一个特殊群体，在就业过程中，除了享有普通劳动者所享有的劳动报酬权、休息休假权、劳动保护权等基本的权益外，还包括下列权益。

①就业信息知情权：学生有权及时全面地获取应该公开的就业信息。

②接受就业指导权：学生有接受来自国家、社会和学校的及时、有效的就业指导与服务的权利。

③平等就业权：学生有平等接受学校推荐，平等参与招聘的权利，同时企业在录用毕业生时应公平、公正及一视同仁。

④被推荐权：毕业学生享有被学校及时、公正、如实地推荐到用人单位的权利。

⑤择业知情权：学生有权了解用人单位的资格、劳动岗位、劳动条件、规章制度及工资报酬等内容。

⑥违约求偿权：用人单位、毕业生、学校的三方协议一经签订后，任何一方不得擅自毁约和违约，如果用人单位无故解除协议，或不按照协议内容履行，毕业生有权要求用人单位承担违约责任，包括支付违约金。

⑦户口档案保存权：毕业生自毕业之日起两年择业期内如果没有联系到合适的工作单位，没有和用人单位签订就业协议，也没有因回生源地自主择业、出国等情况而办理人事代理手续，有权将档案和户口保存在学校，学校应当对毕业生的学籍档案和户口关系进行妥善保管，不能向毕业生收取费用。择业期满后，学校就不再承担此义务。

三、案例故事

案例故事 1

大学生暑期打工侵权事件屡屡发生　维权投诉率不足 1%

大学生小李（化名）暑期应聘到一家娱乐会所做服务生，每天的工作时间是晚上 9 时到次日凌晨 3 时，主要就是做一些保洁和勤杂类的工作，基本工资为 80 元/天，还会有一些小费收入。小李心想收入还算不错，也不耽误白天的时间，是一份不错的兼职，便欣然应允。

可是在他卖力地连续干了近两个星期之后，经理突然告诉他下班时间要更改为第二天上午 9 时，足足延长了六个小时。更过分的是，工资不但没有涨，反而减为了 50 元/天。这些莫名其妙改变的条件让小李不能接受，争执无果后，小李愤然辞职。由于入职时规定工资月结，现在小李中途不干了，最后一分钱没拿到，反倒贴了 400 元服装费和两个星期的交通费。

对于这种白干活还倒贴钱的情况，小李既气愤又无奈，但当记者建议他向劳动监察部门投诉，或向法律援助部门求助时，他却打起了退堂鼓。"其实，工资也没多少，也就干了两个星期，那帮人都在社会上混的，入职时我的电话、住址之类的个人资料都给他们了，还是不要惹麻烦吧，权当自己认倒霉吃哑巴亏了。"

模块三　遵守劳动法规　保障劳动权益

案例思考

案例故事 2

"没身份"的实习生权益谁来保障

陈涵是某职业学院建筑工程技术专业的学生，基于学校毕业实习的要求到 A 公司实习，A 公司以劳务派遣的方式将他派至福建 B 公司，之后 B 公司又将他派往总承包单位 C 公司的某高速隧道工地上，从事测绘工作。

陈涵工作时意外受伤，经司法鉴定构成二级伤残。近日，陈涵受伤赔偿案迎来终审判决，法院认定医疗费、护理费、残疾赔偿金等损失合计 232.63 万元，A 公司、B 公司分别承担 30% 的过错责任，学校承担 20% 的过错责任，陈涵本人、C 公司分别承担 10% 的过错责任。

案例思考

四、拓展阅读

做好职工维权服务工作，总书记这样说（节选）

党的十八大以来，习近平总书记高度重视做好职工维权服务工作，在召开重要会议和深入地方、基层考察时，对做好这项工作提出一系列新思想新观点新要求。

各级党委和政府要充分调动广大劳动群众积极性、主动性、创造性，切实保障广大劳动群众合法权益，支持和激励广大劳动群众在新时代更好建功立业。

——2021年4月30日，习近平向全国广大劳动群众致以节日的祝贺和诚挚的慰问

保障职工群众经济、政治、文化、社会权益是我国社会主义制度的根本要求，是党和国家的神圣职责，也是发挥广大职工群众积极性、主动性、创造性最重要最基础的工作。

——2013年10月23日，同中华全国总工会新一届领导班子成员集体谈话时的重要讲话

要坚持以人民为中心的发展思想，维护好工人阶级和广大劳动群众合法权益，解决好就业、教育、社保、医疗、住房、养老、食品安全、生产安全、生态环境、社会治安等问题，不断提升工人阶级和广大劳动群众的获得感、幸福感、安全感。

——2020年11月24日，在全国劳动模范和先进工作者表彰大会上的重要讲话

要坚持从群众多样化需求出发开展工作，打通服务群众的新途径，使服务更直接、更深入、更贴近工人阶级和广大劳动群众，以服务群众实效打动人心、温暖人心、影响人心、赢得人心。

——2020年11月24日，在全国劳动模范和先进工作者表彰大会上的重要讲话

工会要坚持以职工为中心的工作导向，抓住职工群众最关心最直接最现实的利益问题，认真履行维护职工合法权益、竭诚服务职工群众的基本职责，把群众观念牢牢根植于心中，哪里的职工合法权益受到侵害，哪里的工会就要站出来说话。

——2018年10月29日，同中华全国总工会新一届领导班子成员集体谈话时的重要讲话

要建立健全党和政府主导的维护群众权益机制，抓住劳动就业、技能培训、收入分配、社会保障、安全卫生等问题，关注一线职工、农民工、困难职工等群体，完善制度，排除阻碍劳动者参与发展、分享发展成果的障碍，努力让劳动者实现体面劳动、全面发展。

——2015年4月28日，在庆祝"五一"国际劳动节暨表彰全国劳动模范和先进工作者大会上的重要讲话

（来源：求是网 2021-07-27）

主题二　自觉履行劳动义务

一、知识导航

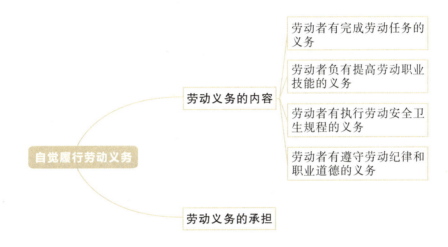

二、主要内容

（一）达成目标

（1）知识目标：了解现阶段我国公民的劳动义务。

（2）能力目标：提高自觉承担劳动义务的能力。

（3）素质目标：树立正确的劳动观念，增强集体责任感。

（二）内容概要

在社会主义条件下，劳动不只是公民个人谋生的手段，还是公民为社会主义国家和集体利益做贡献的重要方式。为了不断改善人民的物质文化生活水平，建设社会主义现代化强国，公民在享受国家提供的物质保障的同时，应当对国家和社会承担起相应的劳动义务。

1. 劳动义务的内容

劳动者有劳动就业的权利，而劳动者一旦与用人单位发生劳动关系，就必须履行其应尽的义务。简单来说，劳动义务就是指劳动法规定的对劳动者必须作出一定行为或不得作出一定行为的约束。具体而言，劳动的义务，是指有劳动能力的公民，应当以国家主人翁的态度对待劳动，忠于职守，遵守劳动纪律，完成劳动任务，将劳动视为自己的一项职责。作为一名高职院校的新时代青年，我们未来都要走上工作岗位，成为劳动者，承担相应的劳动义务。

1）劳动者有完成劳动任务的义务

劳动者一旦就业，即实现劳动就业的权利，便要承担起完成劳动任务的义务。这是因为劳动者实现了劳动就业权后，如果不能完成劳动任务，就意味着劳动者违反了劳动合同的约定，用人单位就可以因劳动者没有履行完成劳动任务的义务而解除劳动合同，这样劳动者的就业权利就无法彻底实现。劳动者只有积极地履行完成劳动任务的义务后，才能实现劳动者取得报酬、获得劳动安全卫生保护、享受社会保险及休息休假等权利。

2）劳动者负有提高劳动职业技能的义务

提高劳动者的职业技能是提高劳动生产率、实现现代化社会劳动生产的要求，也是劳动者提高自身竞争力的需要。加强职业技能培训、提高职业技能既是劳动者的权利，也是劳动者的义务，每个劳动者应当充分利用学习职业技能的各种机会，不断提高职业技能水平，以增强自身在现代社会竞争中的实力。

3）劳动者有执行劳动安全卫生规程的义务

劳动安全卫生规程是指国家为了保护职工在生产和工作过程中的健康，防止、消除职业病和各种职业危害而制定的各种法律规范。其主要内容包括防止粉尘危害的规定；防止有毒有害物质危害的规定；防止噪声和强光的规定；防暑降温和防寒的规定；通风照明的规定；个人防护用品的规定；职工健康管理的规定等。劳动者对国家以及用人单位内部关于劳动安全卫生规程的规定，必须严格执行，以保障安全生产，从而保证劳动任务的完成。

4）劳动者有遵守劳动纪律和职业道德的义务

劳动纪律是劳动者在共同劳动中所必须遵守的劳动规则和秩序。职业道德是从业人员在职业活动中应当遵守的社会道德。遵守劳动纪律和职业道德是劳动者应具备的基本条件和素质，它是保证生产劳动顺利进行和提高劳动生产率的根本。

除了上述基本的劳动义务外，劳动者还有在成为正式员工后，若想解除劳动合同，应提前30天以书面形式通知用人单位的义务；违反劳动合同的约定或者有违反法律法规的行为，给用人单位造成损失的，需承担损害赔偿的义务等。

2. 劳动义务的承担

1）积极主动地劳动

在校期间，学生需要承担的主要是班务及校务劳动。这样的劳动，不仅可以激发学生的劳动热情，培育学生的劳动意识，还可以引导学生为他人和集体服务，增强学生的集体意识，充实学生的精神生活。班务与校务劳动不能以报酬的形式来组织，应该是义务性的，是学生自觉的行为。因此，对学生来讲，要积极主动地承担起此类劳动义务。具体而言，要做到以下几个方面：

一是要积极对待被安排的劳动任务。在日常的学习和生活中，学校安排的都是一些日常性的劳动任务，并不繁重且难度不大，能够磨炼意志，学生不应该将其视为一种负担，应该摆正态度，欣然接受。在接到劳动任务后，要克服拖延以及消极懒惰的情绪，设定好期限和标准，合理安排时间，及时付诸行动，高效开展劳动。

二是要主动承担"分外"的劳动任务。在学校和班级安排的劳动任务中，会有一些职责归属不明确的任务，经常会有个别同学认为它不属于自己的任务范围而逃避。其实，所有的任务都属于一个集体，最终落脚点也在集体。我们需要培养自己的整体意识和集体观念，在完成自己分内任务的基础上，只要有利于集体的，都应积极主动去承担。

三是要保证完成质量。无论是被安排的劳动任务，还是自己主动发现的劳动任务，在明确劳动任务的目标和要求后，都应该全身心地投入其中，尽可能高质量地把任务完成。

2）实习实训的责任和义务

对于高职学生来讲，到企业或相关用人单位参与实习实训，是掌握实际操作技能、达到企业用人标准的必要途径。在参与实习实训的过程中，承担相应的劳动义务同样很重要，具体来讲，包括以下几个方面：

一是工作的责任和义务。学生被安排到用人单位实习实训，就意味着已经成了用人单位的一员，无论工作内容是什么，都需要认真对待，尽力完成，不断提高自己的工作水平和能力，同时也要关注用人单位的利益和需求，严格遵守用人单位的规定和要求，为用人单位的发展做出一份贡献。

二是学习的责任和义务。实习生不仅需要完成工作任务，还需要不断学习，提高自己的知识和技能。作为实习生，在实习期间，需要认真对待用人单位的工作，了解用人单位的业务和文化，可以通过与其他员工交流、参加培训等方式，获取经验，学习新知识和技能，以便更好地满足用人单位的需求，为之后的职业发展打下良好的基础。

三是沟通的责任和义务。实习生需要与其他员工和上级领导进行沟通和交流，了解用人单位的要求和期望，并把这些要求和期望转化为工作行动；要始终保持礼貌和尊重，积极听取其他人的意见和建议，与其他人建立良好的合作关系。

三、案例故事

案例故事1

用人单位的合理安排　劳动者应当服从

王某于2017年7月入职某电梯维修公司做电梯保养员，双方签订的劳动合同约定：工作地点为公司业务所辖范围内，但不仅限于公司所在地。2021年1月，因公司业务所辖的B区维修人员不足，欲将王某从A区派至B区工作，岗位待遇不变。王某以离家太远不接受，后公司以旷工为由将王某辞退，王某诉至法院主张经济赔偿金。

法院经审理认为，劳动者对用人单位合法合理的安排有服从义务。该案双方劳动合同约定，公司有权在工作所辖范围内调整工作区域。A区、B区均属于市主城区范围，调整后的工作地点到王某住所的距离与此前相比距离相当，且调岗后待遇不变，故法院认为本次调整属于用人单位行使其自主用工权，调整合法合理，故不支持王某主张经济赔偿金的诉请。

案例思考

模块三　遵守劳动法规　保障劳动权益

案例故事 2

劳动者违反忠实义务　用人单位可解除劳动合同

张某系某医药公司高级区域经理，该公司内部审计时发现，2019年至2020年期间，张某存在大量使用一家商户连号发票报销、替代发票报销餐费及重复报销的违规行为。在征求工会意见后，该公司以张某虚假报销严重违反规章制度、员工手册为由，单方解除劳动合同。张某认为公司解除劳动合同系违法解除，主张经济赔偿金，诉至法院。

法院经审理认为，提供真实有效发票，据实报销，既是该公司规章制度的要求，也是张某作为经常出差的地区经理应该履行的忠实义务。张某存在提供与事实不符的有效报销凭证进行报销的情况，医药公司据此解除与张某的劳动合同符合法律规定，故法院对张某主张经济赔偿金的诉请不予支持。

案例思考

案例故事 3

未达"严重"违反规章制度 用人单位不得解除劳动合同

2020年,徐某进入某科技公司从事城市经理岗位工作,双方签订了书面的劳动合同。2021年3月3日,该科技公司向徐某发送了"违规通报"邮件,因徐某的行为影响了公司商业形象、商业合作,同时违法违规开户上线、考勤签到不合格、业绩考核不合格,对徐某作出辞退处理。徐某收到该邮件后,遂向该科技公司主张经济赔偿金。

法院经审理认为,用人单位违反法律规定解除或者终止劳动合同的,应当依照经济补偿标准的二倍向劳动者支付赔偿金。本案中,某科技公司主张徐某的行为严重违反规章制度,但该科技公司并不能够提供相关证据证明徐某行为达到"严重"程度,故该科技公司解除与徐某的劳动合同不合法,应该支付徐某经济赔偿金。

案例思考

主题三　严格遵守劳动纪律

一、知识导航

二、主要内容

（一）达成目标

（1）知识目标：理解和掌握劳动纪律的科学内涵、具体内容等基本知识。

（2）能力目标：加强劳动纪律的培养，提高自觉遵守劳动纪律的能力。

（3）素质目标：强化遵守劳动纪律和职业道德的意识，逐步养成良好的劳动习惯。

（二）内容概要

任何一种劳动，特别是社会化大生产劳动，都需要把每个劳动者的劳动协调起来，从而保证集体劳动有序进行。马克思曾说过："一个单独的提琴手是自己指挥自己，一个乐队就需要一个乐队指挥。"如果没有劳动纪律，就缺乏实现劳动过程所需要的规则和秩序，生产工作就会处于混乱、无序的状态，生产任务就无法顺利地完成。

1. 劳动纪律的内涵

劳动纪律也可以称作职业纪律或职业规则，它是用人单位为了维持正常的生产经营秩序、保证劳动合同正常履行，要求全体员工在集体劳动、工作、生活过程中，以及与劳动、工作紧密相关的其他过程中必须共同遵守的劳动规则和劳动秩序。从其内涵可知，劳动纪律实施于集体生产、工作、生活的过程之中，它的目的是保证生产、工作的正常运行，本质是全体员工共同遵守的规则。

2. 不同时期的劳动纪律

劳动纪律是人们从事社会劳动的必要条件，不论在任何生产方式下，只要进行共同劳动，就必须有劳动纪律，否则，集体生产便无法进行。在不同的社会制度下，劳动纪律的社会性质是不相同的。

1）奴隶制度下的劳动纪律

在奴隶制社会的经济结构下，奴隶主既占有生产资料，同时也占有作为生产劳动者的奴隶。奴隶主和奴隶是剥削和被剥削的关系，奴隶毫无人身自由，完全在奴隶主的强制下劳动；奴隶劳动创造的产品全部归奴隶主占有和支配。因此，奴隶主通常采用最极端的经济剥削和政治压迫的方式来驱使奴隶劳动。

2）封建制度下的劳动纪律

在封建社会的经济结构下，封建地主阶级占有生产资料，同时不完全占有作为生产劳动者的农奴或农民。农奴或农民给自己劳动时，是有一定的积极性的，而对于在地主土地上给地主干活，则丝毫不感兴趣。因此，在这种情况下，封建地主阶级便采取鞭笞、关押及其他各种酷刑来迫使农奴或农民给他们劳动。

3）资本主义制度下的劳动纪律

资本主义的劳动过程有两个特点：一是工人在资本家的监督下劳动，他的劳动属于资本家所有；二是劳动成果或产品全部归资本家所有。与以前的剥削制度不同，资本主义是建立在剥削雇佣劳动的基础上的。工人在人身上是自由的，并不隶属于哪一个资本家，但是，由于他们被剥夺了生产资料，除了自己的双手以外一无所有，因此为了生活，他们不得不向资本家出卖自己的劳动力，以此获得工资，维持生存。同时，工人的这种地位决定了他们还要遵守资本家的种种规定，不然就会受到如扣工资、罚款、解雇等处分。

4）社会主义制度下的劳动纪律

社会主义制度建立了生产资料公有制，保障全体劳动者共同的生产资料，旨在实现全体人民的共同富裕。在这种情况下，劳动者的地位发生了变化，劳动者成了生产过程的主人，他们是为自己、为自己的阶级、为自己的国家而劳动。因此，劳动纪律的性质也相应地发生了变化，它是劳动者为了实现更好的发展而自觉建立起来的，是劳动者共同利益和意志的体现，主要靠广大劳动者的高度自觉性来维护，但如果不遵守劳动纪律从根本上会损害劳动者的利益，因此，社会主义的劳动纪律还会辅以强制性加以维持。由此可见，社会主义的劳动纪律是劳动者自觉建立的，是人类历史上最新型的劳动纪律。

3. 劳动纪律的内容

严格履行劳动合同及违约应承担的责任（履约纪律）。劳动合同是劳动者与用人单位订立的，明确双方权利和义务的协议。用人单位与其建立劳动关系的劳动者，订立、履行、变更、解除或者终止劳动合同，都需要依照《劳动合同法》执行；劳动者在劳动过程中违反劳动合同的约定或者在服务期内要解除劳动合同的，应当承担相应的赔偿责任。

按规定的时间、地点到达工作岗位，按要求请休事假、病假、年休假、探亲假等（考勤纪律）。劳动者与用人单位建立劳动关系后，理应遵守用人单位依法制定的各项规章制度，服从于用人单位的日常管理和正当的工作安排。

根据生产、工作岗位职责及规则，按质、按量完成工作任务（生产、工作纪律）。劳动者要认真贯彻执行用人单位制定的各项规章制度，认真学习和全面掌握质量管理知识，不断增强质量意识，严格按照技术标准、工作标准和质量标准工作，对本岗位的产品质量和工作质量负责，按质、按量完成工作任务。

严格遵守技术操作规程和安全卫生规程（安全卫生纪律）。国家制定的技术操作和安全卫生规程，是劳动者在劳动过程中生命安全和身体健康的法律保障，同时也是维持正常生产活动的必要条件。劳动者要遵守岗位操作和安全卫生规程，正确佩戴、使用和维护个人防护用品，正确使用和维护职业卫生防护设备和设施。

节约原材料、爱护用人单位的财产和物品（日常工作生活纪律）。勤俭节约是中华民族的传统美德，作为劳动者，应做到归属清晰、不浪费、非己不占。具体表现为用人单位的原材料要有效利用，杜绝浪费；要尊重他人的劳动成果，珍惜和爱护用人单位的财产、物品及公共设施，主动归还遗失物品等。

保守用人单位的商业秘密和技术秘密（保密纪律）。劳动者应严格保守用人单位的商业秘密与知识产权等相关保密事项，劳动者违反劳动合同中约定的保密事项，对用人单位造成经济损失的，应支付用人单位一定的赔偿费用，严重者还要承担相应的责任。

遵纪奖励与违纪惩罚规则（奖惩制度）。奖惩制度，是指用人单位在运作过程中对员工进行有目的的奖励和惩罚的制度。对于忠于职守、廉洁奉公、有发明创造、做出突出贡献的劳动者，给予奖励；对于违反劳动纪律、违反操作规程、玩忽职守、有渎职行为、造成经济损失的劳动者，给予惩处。劳动者要充分明确用人单位奖惩考核的标准、依据和方法，并在劳动过程中严格遵守。

4. 实习实训中的劳动纪律要求

从高等职业院校劳动教育的角度来说，实习实训占有重要地位，学生到专业对口的实习单位或实训车间，在各自岗位上直接参与生产过程，从而实现理论与实践的结合。在实习实训的过程中，除了要遵守上述劳动纪律外，还应遵守实习实训相关的劳动纪律要求，大致包括以下几个方面：

一是遵守作息制度，做到不串岗、不打闹、不迟到、不早退、不无故缺勤、不擅离职守；

二是服从生产指挥，服从调配；

三是严格遵守操作规程，不乱动机器设备；

四是正确使用测量工具；

五是合理摆放产品、残次品和废品。

以上的劳动纪律只是最基本的纪律要求，如果学生在实习实训过程中，劳动纪律涣散，随意蛮干，就会造成严重后果，不遵守规章制度，生产就无法进行，安全就没有保证。因此，作为高职院校的学生，我们要自觉加强对劳动流程、劳动标准、劳动检查等相关制度的学习；严格遵守工作时间制度；严格遵守实习单位和实训车间的安全规章及要求，强化安全意识；严格遵守学校和用人单位的实习实训要求，听从老师的安排和指导，保质保量地完成实习实训任务。

5. 劳动纪律与职业道德的关系

职业道德是从事一定职业的人在职业生活中应该遵守的道德要求和行为准则，在我国《公民道德建设实施纲要》中提出了职业道德的主要内容，包括爱岗敬业、诚实守信、办事公道、服务群众、奉献社会。职业道德是道德在职业实践活动中的具体体现。

劳动纪律与职业道德两者之间既有联系又有区别：

劳动纪律与职业道德的联系。一是共同要求同一主体劳动者。劳动者在劳动的过程中既需要遵守劳动纪律，同时也应该遵守相应的职业道德规范。二是共同调整同一行为。无论是劳动纪律还是职业道德，都在劳动者的劳动过程中发挥作用，调整的是劳动者的劳动行为。三是最终目的的一致性。劳动纪律和职业道德虽然直接目的不同，但最终目的是一致的，都旨在提高劳动生产率，保证社会主义劳动的正常运行。

劳动纪律与职业道德的区别。一是劳动纪律属于法律关系范畴，是一种义务，而职业道德属于思想意识范畴，是一种自律信条。二是劳动纪律的直接目的是保证劳动义务的实现，职业道德的目的是实现企业的最佳经济效益和其他劳动者权益。三是劳动纪律是用人单位制定的一种规章制度，它的实现带有一定的强制性，劳动者必须遵守，如果违反则要受到相应的惩罚；职业道德不受制度和法律的约束，是劳动者个人的自觉行动。

良好的职业道德是劳动纪律的前提条件，没有良好的职业道德，劳动纪律就很难保证。同时，不同的职业有着不同的道德底线，超出了这个底线，就可能造成违法行为。

三、案例故事

案例故事 1

旷工行为属于严重违反劳动纪律的情形

职工赵某于 2020 年 6 月 1 日发生工伤，停工留薪期满后，一直以工伤为由未向公司提供劳动，该公司于 2021 年 5 月 26 日书面告知赵某应于 2021 年 6 月 1 日返岗上班，赵某仍以其工伤需要治疗为由请假，在未获批假的情况下仍未到公司上班。公司以旷工为由解除劳动关系，因此赵某提起仲裁要求公司支付违法解除劳动合同赔偿金，仲裁驳回其请求后，赵某起诉至法院。

本案经审理查明，赵某发生工伤后，公司一直按照规定为其缴纳保险并安排了较长的停工留薪期且在期满后仍向原告发放工资，已尽到用人单位的相应义务。原告自发生工伤后已达一年没有向被告提供劳动，用人单位行使自主经营管理权对原告进行管理并予以辞退，符合法律规定，原告主张的违法解除劳动合同赔偿金不应得到支持。

案例思考

案例故事 2

学生课上嬉戏打闹受伤谁之过？

某职校焊接实训车间，临近下课，教师指挥学生收拾材料、用具，学生张某和王某在车间内打闹，老师发现后及时批评制止，并让他们尽快站到同学们的队伍中去。两位学生借老师专注清点器械之际，伺机偷偷继续打闹，张某不小心摔倒，被旁边的铁板割破上臂，教师与同学及时将张某送到医院缝了 10 针。张某家长以孩子在学校受伤为由，要求学校支付所有医药费，并索要 5000 元营养费。学校认为自身并无过错，不愿意承担该费用。

案例思考

四、拓展阅读

"社会主义是干出来的"——劳动，通向伟大梦想

陕北南泥湾，延安大生产运动纪念碑静静矗立。碑身上，"自己动手、丰衣足食"八个大字遒劲有力。

抗日战争进入相持阶段后，由于日军的疯狂进攻和大规模"扫荡"，国民党顽固派的军事包围和经济封锁，陕甘宁边区及各抗日根据地财政经济发生极大困难，一度陷入没粮、没油、没纸、没衣、没经费的境地。

危难之际，党中央号召边区军民自力更生，克服困难。"力"在何处？在广大劳动者中！

一场轰轰烈烈的大生产运动在黄土高原开展起来——1941年春，迎着料峭寒风，三五九旅的战士们肩挎钢枪、手握镢头，挺进南泥湾垦荒。广大军民以高昂的劳动热情，将荒无人烟的"烂泥湾"变成庄稼遍地、牛羊成群的"陕北好江南"。

纺一根线、垦一亩荒，边区军民在逆境中自己动手、丰衣足食，顽强生存、英勇斗争。毛泽东指出"这是中国历史上从来未有的奇迹"。

劳动是推动人类社会进步的根本力量，是通向伟大梦想的进步阶梯。

社会主义是干出来的。从烽火连天的革命年代，到如火如荼的建设岁月，再到波澜壮阔的改革大潮，长期以来，在党的领导下，我国工人阶级和广大劳动群众始终站在时代前列，用汗水和智慧奏响"咱们工人有力量"的主旋律——

老工人孟泰带领工友献交器材、刨开冰雪收集废旧零件，硬是没有花国家一分钱，建成鞍钢当时著名的"孟泰仓库"；产业工人许振超带领班组练就"一钩准""一钩净""无声响操作"等绝活，多次刷新集装箱装卸世界纪录；航天科技"嫦娥"团队勇于探索，成功研制我国第一颗月球探测卫星——嫦娥一号……一座座丰碑上，镌刻着不同时代劳动者只争朝夕、奋力拼搏、开拓创新的身影。

习近平总书记强调："正是因为劳动创造，我们拥有了历史的辉煌；也正是因为劳动创造，我们拥有了今天的成就。"

下篇

投身劳动

模块四	端正劳动态度	提升劳动素养
模块五	投身劳动实践	提高劳动技能
模块六	涵养劳动情怀	培育劳动品质
模块七	弘扬劳动精神	传承传统美德

模块四

端正劳动态度　提升劳动素养

主题一　培育正确积极的劳动态度

一、知识导航

培育正确积极的劳动态度
- 劳动态度的基本内涵
  - 尊重劳动
  - 崇尚劳动
  - 热爱劳动
- 新时代大学生劳动态度的主流与问题
  - 好逸恶劳，不劳而获的心理较为严重
  - 对待劳动分工没有正确认识
  - 劳动态度不端正
- 培育正确积极的劳动态度
  - 理解"为何劳动"——树立正确的劳动价值观
  - 认同"何人劳动"——树立正确的劳动主体观
  - 践行"如何劳动"——树立正确的劳动过程观
  - 感悟"何以劳动"——树立正确的劳动关系观

二、主要内容

（一）达成目标

（1）知识目标：理解劳动态度的基本内涵。

（2）能力目标：了解新时代大学生劳动态度的主流与问题，对自身劳动态度有正确的认知。

（3）素质目标：理解"为何劳动"，认同"何人劳动"，践行"如何劳动"，感悟"何以劳动"，进而培育正确积极的劳动态度。

（二）内容概要

1. 劳动态度的基本内涵

马克思认为劳动是指人有目的地用自己的体力、智力改变自然物，使之成为满足人类生活所需要的物品的活动。态度是人们在自身道德观和价值观基础上对事物的评价和行为倾向。劳动态度是人们对待劳动的心理态度，是人们在自身道德观和价值观基础上对劳动的评价和行为倾向，呈现两极化，表现为愿意劳动或是拒绝劳动，热爱劳动或是厌恶劳动，尊重劳动或是鄙视劳动。我国宪法规定，劳动是每个公民应尽的义务，具有强制性。

劳动的理念包含广大劳动者对劳动认知定位、心理倾向和情感表达方面所持的态度，旨在确保广大劳动者能够立足自身岗位，尊重劳动、崇尚劳动、热爱劳动。

（1）尊重劳动。尊重是对待劳动最基本的德性态度，是崇尚劳动和热爱劳动的根本前提。劳动使人类从远古走向未来，从野蛮走向文明。习近平总书记指出："在我们社会主义国家，一切劳动，无论是体力劳动还是脑力劳动，都值得尊重和鼓励；一切创造，无论是个人创造还是集体创造，也都值得尊重和鼓励。"诚然如此，生活的改善、社会的进步、财富的积累、幸福的生成，都源于平凡而艰辛的劳动，尊重一切有益于人民、造福于社会的劳动者及其劳动成果和价值，是每个人应尽的本分。放眼世界，每一项世界奇迹、每一个重点突破、每一次跨越前进，无不凝聚着劳动者的聪明才智，浸透着劳动者的辛勤汗水，蕴涵着劳动者的奉献牺牲。回望历史，中国所取得的成就和成果，无不是通过劳动者的双手创造出来的。时传祥、王进喜、邓稼先、郭明义、焦裕禄等一串串响亮的名字，凝结的都是劳动者的奋斗；一汽、北大荒、大庆、红旗渠、"两弹一星"等一个个光辉的坐标，闪耀的都是劳动者的豪情。

立足当前，令人震惊的中国速度、中国方案、中国力量，无不汇聚着广大劳动者的智慧和汗水，若没有对劳动者应有的尊重、对劳动价值应有的认可，也就不会有中国梦的指日可待。每一滴在劳动中洒下的汗水，都可以折射太阳的光芒、散发收获的芳香；每一份在劳动过程中的付出，都可以助力梦想实现，带来温润的希望；劳动带来的是美好，每一种劳动都值得被尊重。只有充分尊重劳动，才能焕发劳动热情和创造激情，用勤劳的双手创造属于自己的幸福生活和实现自己的美好理想。

（2）崇尚劳动。崇尚是尊重劳动的升华，是热爱劳动的前奏。只有整个社会都崇尚劳动，才能让"劳动最光荣、劳动最崇高、劳动最伟大、劳动最美丽蔚然成风"，才能激发广大劳动者的劳动热情，创造潜能，为实现中国梦供给最持久的动力。崇尚劳动，不仅是被实践证明了的正确选择，还是社会发展规律衍生的应然结果。习近平总书记指出："无论时代条件如何变化，我们始终都要崇尚劳动、尊重劳动者，始终重视发挥工人阶级和广大劳动群众的主力军作用。"我国是一个人口和劳动力大国，解决一切问题的关键是发展，而发展最根本的是要靠劳动。在这个时代里，人们往往容易聚焦于眼前的光鲜靓丽与成功，却忘记了成功背后的辛劳与汗水。一个社会，如果不鼓励人们，特别是青年人从基础做起、从基层做起，就不会有美梦成真的未来和希望。崇尚劳动、劳动光荣，是实现中国梦的基本前提。对劳动的崇尚，体现出我们党为人民谋幸福、为民族谋复兴、为世界谋大同的初心和使命，展现了中国共产党人的光荣传统和优秀品质，必须坚持不懈地辛勤劳动和艰苦奋斗，以劳动为抓手不断实现既定目标、创造新的辉煌。

习近平总书记指出："劳动没有高低贵贱之分，任何一份职业都很光荣。广大劳动群众要立足本职岗位诚实劳动。无论从事什么劳动，都要干一行、爱一行、钻一行。"劳动虽然被贴上各种标签，但都只有分工不同，没有贵贱之分。崇尚劳动，要以辛勤劳动为荣，以好逸恶劳为耻。崇尚劳动，要切实保障劳动者的基本权利不因出身、职业、财富等不同而区别对待，特别是对于农民工、劳务派遣工、快递小哥、残疾职工等特殊群体，应保证其享有平等的生存权、发展权。要切实保障劳动者享有平等的规则，在公开、公平、公正的规则和程序之下，平等地参与竞争、参与发展、分享成果。要加速优化科学合理的收入分配格局，既保护劳动者的权益，又认可劳动价值。

（3）热爱劳动。热爱是对劳动的情感表达，是尊重劳动和崇尚劳动的高级呈现和升级归宿。热爱劳动是中华民族的传统美德，也是社会主义精神文明的构成内容，更是众多创造劳动奇迹和感人事迹的劳动者所共有的德性品质。正是因为有着以劳动报国的热情，邓稼先在美国普渡大学拿到学位后的第 9 天,便谢绝导师挽留,不顾美国重重阻挠,带着满脑袋的核物理知识启程回国,在"谈核色变"的领域扎根,为中国核科学事业做出了伟大贡献,被称为"两弹元勋"。正是有为民族争气的劳动热情,王进喜才会整天领着工人没日没夜地干,在发生井喷的危急关头,不顾腿伤,不顾严寒,扔掉拐杖,带头跳进泥浆池,用身体搅拌泥浆,最终制服井喷,避免了重大危险和巨大损失,赢得"铁人"的荣誉称号。正是有中国饭碗端在自己手上的劳动情怀,一辈子只干一件事的"杂交水稻之父"袁隆平,躬耕不辍多次创亩产纪录,为全世界解决温饱问题做了卓越贡献。对于广大的普通劳动者而言,也是因为热爱劳动,所以才有不断学习提升劳动素养的渴望;才有愿意向师傅学、向同事学、向书本学、向实践学,在学中练就过硬本领,力求把工作做到最好的意愿;才有心甘情愿立足岗位埋头苦干、奋力拼搏的干劲,实现人生价值的追求;才有由"要我劳动"向"我要劳动"转变的动力。

大力弘扬"劳动光荣",继承和发扬热爱劳动的优良传统美德,广大劳动者应积极劳动,兴起劳动的热潮,促进社会的物质财富与精神财富不断丰盈,确保人民生活水平不断提升以达到理想标准。对劳动的热爱并不是与生俱来的,需要外在观念灌输和切实的劳动实践感染。教育要从娃娃抓起,劳动教育更是如此,从小培养孩子们对劳动的敬畏与热爱,将一切鄙夷劳动、歧视劳动者的错误认知扼杀在摇篮中,在崇尚劳动的优良环境浸润中,热爱劳动便成为融入基因血液中的情感,进而化成人们参与劳动的自觉和热情。

2. 新时代大学生劳动态度的主流与问题

新时代大学生的主流劳动态度较为积极向上。大部分大学生懂得辛勤劳动的重要作用,能够在实际的工作和学习中做到热爱劳动,同时也能够理解劳动人民的不易,对劳动人民充满了敬意。但是,部分大学生对待劳动及劳动人民的态度仍然停留在表面,涉及具体问题,尤其是涉及自身利益时,劳动态度便会出现波动。当前部分大学生的劳动态度趋向消极,劳动意识淡薄,常常幻想着"一夜暴富",不愿意踏踏实实地劳动,看不起甚至歧视普通劳动者,更是存在不珍惜劳动成果的现象。具体表现在以下几个方面。

(1)好逸恶劳,不劳而获的心理较为严重。一部分的大学生不把精力集中在学习上,出现不求上进、迟到、早退、旷课等现象,享乐主义的思想促使他们整日沉迷于网络游戏,或追星、追剧等事情上。受不良社会风气的影响,加之网红直播炫富的影响,大学生幻想一夜暴富的心理倾向较为严重,急功近利的财富梦想促使一些大学生做出很多荒唐的事情,比如近些年频繁出现的裸贷、误入传销组织、赌球、痴迷博彩等。部分大学生不愿意参加劳动，认为劳动会使人承受肉体和精神上的痛苦和压力。在日常生活中，大学生本应当具备满足生存需要的基本劳动能力，但是由于当前大学生受教育环境和成长环境的影响，"巨婴"现象越来越普遍，个别大学生带着家长去陪读，否则吃饭洗衣便成了问题，大学生的宿舍卫生常常呈现脏乱差的状态，有些大学生甚至花钱雇钟点工进行清理。

（2）对待劳动分工没有正确认识，把劳动分成三六九等，不尊重甚至鄙视普通劳动者。受中国传统观念"学而优则仕"的观念影响，进入大学后，部分大学生经常以"天之骄子"自居，不尊重劳动人民，尤其是体力劳动者，不虚心向劳动人民学习。不少大学生仍存在不认可体力劳动甚至鄙视体力劳动的情况。有些大学生甚至因自己父母是体力劳动者而感到没有面子。不尊重劳动者直接导致大学生不尊重他人劳动成果，不懂得珍惜劳动成果。

（3）劳动态度不端正。大学生劳动态度不端正导致择业观出现问题。由于大学生对体力劳动的误解导致他们不愿意从事一线的技术和体力工作，而想选择他们认为的理想工作，却又缺乏能力，不切实际的就业目标进一步加剧了就业难的现状。部分大学生不学无术，选择职业却拈轻怕重、挑精拣肥，结果心安理得地沦为"啃老族"，更有甚者坑蒙拐骗，宁愿违法也不愿意辛勤劳动。

3.培育正确积极的劳动态度

为了培育正确积极的劳动态度，青年大学生应理解"为何劳动"，树立正确的劳动价值观；认同"何人劳动"，树立正确的劳动主体观；践行"如何劳动"，树立正确的劳动过程观；感悟"何以劳动"，树立正确的劳动关系观。这四个方面并非是彼此独立的，而是相互联系、相互制约的，且具有很强的动态性。

（1）理解"为何劳动"——树立正确的劳动价值观。劳动价值观是马克思主义的基本观点，马克思和恩格斯在经济学和人类学两个视域中阐述了相关内容。在经济学视域里，劳动创造商品价值，是社会财富的源泉。马克思认为，商品是社会财富的外在表现形式，研究资本主义经济应从商品入手。在分析商品的二重性（使用价值和价值）时，马克思挖掘了劳动的二重性：具体劳动和抽象劳动。什么样的劳动形成价值？针对这个问题，马克思强调，不同形式的具体劳动生产商品的使用价值，但商品的价值由抽象劳动决定，抽象劳动是凝结在商品中无差别的人类劳动。不同商品进行交换的前提是商品的价值量不同，这种价值量是由生产商品的社会必要劳动时间决定的。在人类学视域中，马克思和恩格斯从唯物史观的角度分析"劳动创造了人本身"。人类通过劳动，可以再现并支配任何一种物质运动形式。劳动因此成了最为复杂精巧的物质运动，而人因此成了最有潜力、最善发展的生命机体。人类的生存环境是个不断扩大、不断深化的开放系统。人类在劳动中不断优化与自然界的物质交换、能量交换和信息交换的关系，逐步完成自身生命过程有序化，即实现人生目的。概括说来，劳动所形成的主客体关系包括人与自然、人与社会、人与自身三个层次。

马克思、恩格斯的劳动价值观在中国得到继承和发展。新中国成立后，在社会主义制度下，我国强调人民当家作主，确立人民的劳动价值主体地位，形成以集体本位为主导的劳动价值取向，崇尚劳动模范，弘扬劳动精神。

（2）认同"何人劳动"——树立正确的劳动主体观。"人民"是马克思主义理论体系的核心概念。纵观马克思主义原理，其归根到底是站在人民的立场寻求人类的解放，以建立"自由人联合体"为理想目标。人民群众是历史的创造者，是推动社会历史发展的根本力量。一方面，人民群众创造了物质财富和精神财富。"无论不从事生产的社会上层发生什么变化，没有一个生产者阶级，社会就不能生存。"无论是农业社会、工业社会，还是信息社会，人民群众在劳动中创造和积累了物质生存资料，使人类社会得以延续和发展。在人类社会的发展进程中，人民群众在生产实践中创造了精神财富，推动了社会文明的发展。人民群众精神财富的创造源于生产实践的需要，又反过来促进社会生产实践的发展。另一方面，人民群众是社会历史进步的推动者。在时代的更迭中，阶级矛盾从未冷却，阶级斗争司空见惯。但无论历史怎样演变，人民群众始终是历史发展的主体。无产阶级的优越性在于它始终代表广大人民群众的根本利益，而广大人民群众的合力是推翻资产阶级统治的核心力量。

步入新时代，以习近平同志为核心的党中央始终坚持"人民群众是历史创造者"的历史唯物主义基本观点，形成"以人民为中心"的劳动主体思想，提出中华民族的伟大复兴"必须紧紧依靠人民、始终为了人民"。一是强调"普通劳动群众的作用"，无论是科学家、工程师、大国工匠，还是环卫工人、快递小哥、出租车司机等，千千万万的劳动者都是社会主义的建设者和参与者，都应获得社会的尊重。二是强调知识分子是工人阶级的一部分。广大知识分子"能够提供十分重要的人才支撑、智力支撑、创新支撑"，"包括广大知识分子在内的我国工人阶级是改革开放和社会主义现代化建设的主力军"。三是在全社会宣扬劳模精神、敬业精神和工匠精神。社会应弘扬以爱岗敬业、艰苦奋斗、勇于创新、甘于奉献为主要特征的劳模精神和工匠精神，强化劳模的引领力，厚植工匠文化，培育更多"中国工匠"。

青年是中国特色社会主义事业接班人，是国家的未来和民族的希望。青年大学生应树立正确的劳动主体观；认同"普通劳动群众的作用"；尊重社会主义的建设者和参与者；了解"劳动群众的基本权益"；弘扬劳模精神、敬业精神和工匠精神。

（3）践行"如何劳动"——树立正确的劳动过程观。青年大学生应树立正确的劳动过程观，在理念上形成"尊重劳动、崇尚劳动、热爱劳动"的劳动态度。

①辛勤劳动。辛勤劳动是劳动者的基本态度。中国特色社会主义迈进新时代，社会的主要矛盾已经由"人民日益增长的物质文化需要同落后的社会生产之间的矛盾"转变为"人民日益增长的美好生活需要和不平衡不充分的发展之间的矛盾"。而无论是"物质文化需要"还是"美好生活需要"，都需要每一个劳动者以"辛勤劳动"来获取。"民生在勤，勤则不匮。"随着社会的发展、科技的进步及生活水平的提高，资本、知识、技术、信息在生产生活中的力量不断凸显，人们的劳动观念发生了很大变化。部分青少年受到社会风气的影响，对劳动的理解也失之偏颇，青少年群体中出现好逸恶劳、渴望不劳而获、盲目消费、商品拜物教等现象。青年大学生应树立正确的劳动观。一方面，基于马克思的劳动价值理论，青年大学生应理解劳动是财富的源泉，认可"按劳分配"原则，摒弃好逸恶劳、不劳而获等不良思想。另一方面，站在人类社会历史发展的宏观高度及个体成长成才的微观视角，青年大学生应理解劳动在推动历史发展和帮助个体圆梦上所发挥的重要作用，从而尊重劳动、辛勤劳动、创造性劳动。

②诚实劳动。诚实劳动是劳动者的内在道德要求。"君子爱财，取之有道。""富与贵，是人之所欲也；不以其道得之，不处也。"这些名言警句体现的是古人的财富理念和伦理规范，君子应以"道"获"利"。步入新时代，在全球化、信息化、网络化的市场经济环境中，在物质主义与利己主义涌现的社会背景下，以"道"获"利"的伦理规范正在接受时代的拷问。当前，投机取巧、损人利己、违法致富等现象频出，炫富和暴富的心态玷污了社会风气。在这个背景下，诚实劳动的理念和规范是新时代必须倡导和落实的。何为新时代的诚实劳动？在本质上，诚实劳动强调的是劳动者积极实干，而不是投机取巧。其表现在社会关系上，即要求坚守公平正义，反对损公肥私、损人利己。在经济形态上，则要求诚实劳动反对资本欺诈，反对违法乱纪。特别是在虚拟经济时代，反对网络诈骗。在人与自然的关系上，诚实劳动要求绿色发展，不以牺牲生态为代价换取经济发展。在社会文化培育上，诚实劳动意在实现"人人为我，我为人人"的文化形态，使每一个劳动者都具备劳动自觉和劳动获得感。青年大学生应理解诚实劳动的重要性，树立诚实劳动的道德理

念，深化对"劳动与资本""劳动者的权益""劳动法"等内容的认识。

③创造性劳动。人类劳动分为简单重复劳动和创造性劳动，后者是人脱离动物的根本力量。因为创造性劳动使人类不断超越奴役劳动和谋生劳动，走向体面劳动和自由劳动，是解放生产力、发展生产力的客观要求，是人类社会历史发展的必然要求。新时代，科技发展和产业变革使生产力要素发生了质变，大数据、人工智能、物联网、量子科技等不断影响着劳动者的生产生活，为创造性劳动的发展提供了史无前例的基础。一方面，青年大学生要立足于数字革命时代对劳动者提出的新要求，构建核心劳动素养，其中涉及劳动精神、劳动技能、劳动习惯、劳动思维等内容。另一方面，青年大学生要具备多领域知识与技能，在劳动课中将人工智能、数字技术、劳动规范、职业实践、经济发展规律等相关知识内容融会贯通，为实践创造性劳动做好充分准备。

（4）感悟"何以劳动"——树立正确的劳动关系观。马克思劳动关系理论是马克思主义理论的重要组成部分，其永恒的主题是劳动与资本的关系。在机器大生产的背景下，马克思在分析自由市场经济的基础上，研究了私有制中资本家与工人之间的关系，构建了独特的劳动关系理论。马克思认为，资本主义社会劳资关系以雇佣劳动的形式出现，雇佣的劳动者是价值的创造者，却在异化劳动中无法获得劳动权利。这一矛盾关系意味着资本主义劳资关系的实质是统治与被统治、剥削与被剥削的关系。雇主财富的积累和雇佣劳动者贫困的积累引发频繁的劳资冲突和劳工运动。出于劳资合作的需要，资产阶级不断修改劳动法，不断协调劳动关系，劳动关系经历破坏、修复、重建的历史周期。私有制基础上的劳资关系矛盾始终贯穿资本主义的发展。

改革开放后，我国发展社会主义市场经济，实行按劳分配为主体、多种分配方式并存的分配制，集体经济、个体经济、私营经济、外资经济、混合所有制经济等所有制结构形式并存。在此背景下，劳动者与生产资料存在多种结合形式，如个体劳动、雇佣劳动和局部范围内的联合劳动等。在社会主义市场经济中，商品货币关系不断发展，资本和劳动仍存在分离现象，雇佣劳动关系仍然是重要的经济发展基础。在探索社会主义市场经济的初期，很多人"拒绝"谈劳资矛盾和冲突，又或以阶级斗争理论解释劳动关系矛盾，这显然是不符合社会历史发展规律的。

为了推动中国劳动关系的健康发展，构建合理的中国劳动关系制度，我们应积极挖掘劳动和资本平等合作、互利共赢、和谐发展的可能性，充分体现社会主义制度的优越性。马克思劳动关系理论在新时代得到进一步的科学发展。

模块四　端正劳动态度　提升劳动素养

劳动关系是生产关系的重要组成部分，是最基本、最重要的社会关系之一。青年大学生是未来参与生产劳动的主力军，是劳动关系的主要参与者。所以青年大学生应感悟在社会主义条件下"何以劳动"，树立正确的劳动关系观。既要把握马克思劳动关系理论的精髓，认识中国特色社会主义和谐劳动关系的要义，更要学习劳动法、劳动合同法及其他劳动法律法规，为积极承担劳动责任做好准备。

三、任务设计

任务1　说说我心中"闪亮的名字"

（1）通过了解时传祥、王进喜、邓稼先、郭明义、焦裕禄等劳动者的事迹和贡献，体会劳动带来的美好，懂得每一种劳动都值得被尊重。

（2）提高语言表达能力、独立思考能力和演讲水平。

新中国成立以来，时传祥、王进喜、邓稼先、郭明义、焦裕禄等一串串闪亮的名字，凝结的都是劳动者的奋斗，他们奋战在各行各业，用智慧的头脑绘就蓝图，用勤劳的双手付诸实施，创造了属于自己的幸福生活，为国家为民族贡献了自己的力量。请在充分了解这些人物事迹的基础上，选取自己心中印象最为深刻的一位人物进行演讲，讲清楚人物事迹、贡献和自己的感受。

（1）主题鲜明，文字简洁，富有真情实感。

（2）语言规范，口齿清晰，普通话标准，表达流畅，语速适当。

（3）演讲时间为3分钟左右。

_____
_____
_____
_____
_____
_____
_____
_____

任务 2 "光辉的坐标"图片展

通过了解一汽、北大荒、大庆、红旗渠、"两弹一星"等的故事,体会劳动者的豪情和伟大成就,进而尊重劳动、崇尚劳动、热爱劳动。

放眼世界,每一项世界奇迹、每一个重点突破、每一次跨越前进,无不凝聚着劳动者的聪明才智,浸透着劳动者的辛勤汗水,蕴涵着劳动者的奉献牺牲。回望历史,中国所取得的成就和成果,无不是通过劳动者的双手创造出来的。一汽、北大荒、大庆、红旗渠、"两弹一星"等一个个光辉的坐标,闪耀的都是劳动者的豪情。请同学们深入了解一汽、北大荒、大庆、红旗渠、"两弹一星"的故事,广泛查阅资料,通过一张张真实的照片,聚焦伟大成就,展现光辉坐标,体会劳动者的豪情。

(1)图片风格与题材不限,彩色、黑白均可,单幅、组照均可。

(2)每位同学搜集 5 幅左右。

(3)图片仅可作亮度、对比度、色彩饱和度的适度调整,不得做合成、添加、大幅度改变等技术处理,不可提供电脑创意和改变原始影像的作品。

任务3 劳动歌曲大家唱

（1）以歌曲为载体，进行劳动价值观教育，培育正确积极的劳动态度，尊重劳动、崇尚劳动、热爱劳动。

（2）丰富校园文化生活，提高艺术修养。

组织广大学生认真学唱《劳动最光荣》《咱们工人有力量》《华沙工人歌》《勘探队员之歌》《我为祖国献石油》《在希望的田野上》《劳动节嘱咐》《南泥湾》《克拉玛依之歌》等劳动主题歌曲，从中遴选优秀同学进行歌唱比赛。向劳动致敬、为劳动歌唱，用歌声放飞缤纷的梦想，用歌声唱响心中的激荡。

（1）演唱形式不限，独唱、合唱均可。

（2）精神面貌积极向上，表情大方，台风得体，富有感染力。

四、拓展阅读

名人名言

志向是天才的幼苗，经过热爱劳动的双手培育，在肥田沃土里将成长为粗壮的大树。不热爱劳动，不进行自我教育，志向这棵幼苗也会连根枯死。确定个人志向，选好专业，这是幸福的源泉。

——苏霍姆林斯基

真理是认识事物的工具，是人们前进和上升的道路上的阶梯，真理都是从人类的劳动中产生的。

——高尔基

主题二　养成自觉良好的劳动习惯

一、知识导航

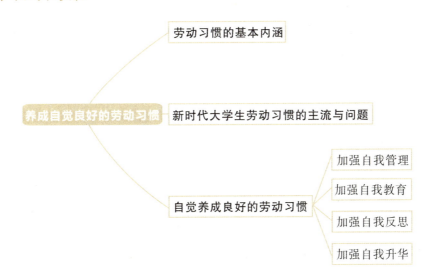

二、主要内容

（一）达成目标

（1）知识目标：理解劳动习惯的基本内涵。

（2）能力目标：了解新时代大学生劳动习惯的主流与问题，对自身劳动习惯有正确的认知。

（3）素质目标：认识劳动习惯的重要性，通过加强自我管理、自我教育、自我反思、自我升华，自觉养成良好的劳动习惯。

（二）内容概要

1. 劳动习惯的基本内涵

劳动习惯是指个体在马克思主义劳动观的指导下，在参与经常性的实际劳动过程中秉持着正确的劳动态度，从而逐渐养成的一种自觉需要劳动的自动化、稳定化行为模式。培育良好的劳动习惯是做好新时代大学生劳动教育的重要任务之一，对弘扬劳模精神和工匠精神、提升大学生劳动技能都大有裨益。

大学生在追求知识的同时也应该养成劳动习惯，这既是我国教育方针的一贯要求，也是大学生维持自身生存和更好学习的内在要求。所以，亟须加强新时代大学生的劳动习惯教育。

2. 新时代大学生劳动习惯的主流与问题

高校对大学生劳动教育日益重视。大学生的劳动教育影响因素主要集中在家庭教育上，但学校愈发重视对大学生劳动习惯的培养。一是表现在高校劳动教育上，在大学期间仅有极少数的学生没有参加过劳动，其他同学都参加过生活劳动、生产劳动、服务性劳动、公益性劳动等，这说明大学生劳动教育整体上是良性发展的。大部分大学生在校期间非常愿意参加劳动实践活动，并且认为劳动实践活动能充分锻炼自己。二是表现在日常劳动习惯上，大多数学生认为大学寝室卫生应该自愿打扫，寒暑假期间会主动做家务帮助父母分担。当代大学生已普遍掌握基本生活劳动技能，整体上的劳动习惯日渐形成。三是在劳动时长上，大部分学生每年都参加社会实践或者公益性服务活动，做家教等兼职工作，集体劳动或者义务劳动，有六成以上的学生每年劳动时间在20小时以上。

但是，随着生活条件的改善，部分大学生在步入高校以前由于忙于学业，生活起居多由父母照顾，缺乏劳动意识和劳动机会。进入大学以后，在更加自主性的大学生活中，有部分大学生盲目攀比，生活奢靡，轻视劳动，甚至认为"劳动"早已不是一件伟大的事情，"劳动人民"早已不是光荣称号。他们更关注的是得到、是少劳多获，更有甚者希望不劳而获。校园里，部分同学有逃避劳动甚至排斥劳动，特别是排斥体力劳动、不珍惜他人劳动成果的行为。这些大学生的良好劳动习惯尚未养成。这显然与新时代中国特色社会主义现代化建设的伟大实践对大学生应具备的劳动习惯的内在要求尚有一定差距。

3. 自觉养成良好的劳动习惯

（1）加强自我管理。推进和加强新时代大学生劳动教育，让大学生自觉养成良好的劳动习惯，大学生自身的主观能动作用极为重要。首要的就是要加强大学生的自我管理能力，让大学生自身成为劳动教育走深走实的第一内生动力。

在生活方面，大学生应在个人生活的宿舍或家庭里，积极养成及时、有序整理个人物品的能力。这可以从以下三方面来努力。其一，对于自己的床位，要在每天起床后，将自己的被子等其他床上用品有规律地叠放整齐，并且注意定时清洗被罩、枕巾等用品，时刻保持干净、整洁。其二，对于自己的衣物等生活用品，应该将它们有序归位，或者叠放在箱子里，或者挂在柜子里，并且要注意定时晾晒，以免发霉。其三，大学生在宿舍生活过程中，也要加强集体生活的管理能力，比如要协商制订宿舍卫生轮班制度，每天都要有专人负责打扫宿舍卫生，而自觉执行这种卫生制度本身就是加强自身管理能力的重要方面。在家中生活时，在做好个人卫生工作的同时，也要注意在力所能及的范围内，尽可能地帮助父母做家务。

在学习方面，大学生应在归类整理自己的学习用品、学习笔记上下功夫。一方面，对于自己的学习用品，比如教材，要爱护它们，不要让它们遭受不必要的损毁。因为书本是知识的载体，是增长大学生才干的重要学习媒介。加强书本管理，是大学生加强自我管理最为切实的内容之一。而且在书本管理的过程中，大学生可以培养自己分类管理的能力，尽可能地把相同门类的书本归并到一起，这样不仅可以便于查找和翻阅，而且可以提高自我管理的意识和水平。另一方面，对于自己在学习过程或者在听课过程中记录的学习笔记，也要注意加强"管理"，要及时对它们进行分类整理、消化吸收。如果说对书本的"管理"是一种有形管理的话，那么，对学习笔记的"管理"则更多的是一种无形管理。在做好这两项管理工作的过程中，大学生在学习方面的自我管理能力就会得到切实的提高。

（2）加强自我教育。加强和推进新时代大学生劳动教育，让大学生自觉养成良好的劳动习惯，必须发挥大学生自身的主观能动性，尤其是当代大学生自身的自我教育能动性。这一点是非常重要的，不管是什么样的教育，都依赖一种学习能力的养成，这种能力在很大程度上指的就是学生自身的自我教育能力。加强大学生自身的自我劳动教育能力，最根本的就是要加强大学生劳动的自我理论教育能力和自我实践教育能力。

习近平总书记指出："青年一代的理想信念、精神状态、综合素质，是一个国家发展活力的重要体现，也是一个国家核心竞争力的重要因素。"加强这方面能力的培养和学习，具有重要的社会意义。作为新时代青年群体的主要组成部分的当代大学生，自身的劳动能力，尤其是其自身的劳动理论学习能力，将在很大程度上决定着我们这个国家、民族的精神面貌和理想追求。因为劳动理论的自我学习，与其他的理论学习不是一回事，它不是单纯的知识学习，更多的是价值观的学习和培养。所以大学生在劳动理论的自我学习过程中，培养起来的不仅是一种能力，更是一种科学的、积极向上的价值观。

引导新时代大学生培养这种劳动理论的自我学习能力最为重要的是加强和深化以马克

思主义劳动理论为主要内容的自我学习。一方面大学生要认真地学习马克思主义经典作家的劳动理论，从经典的理论文本出发，反复阅读和领会；另一方面也要结合时代，从实际出发，自觉加强中国化的马克思主义劳动理论的学习和研究，只有这样，才能真正掌握完整科学的劳动理论。马克思主义劳动理论最大的特征，就是科学性与价值性的辩证统一，新时代大学生在自觉加强这方面的理论学习的过程中，必然会在一方面提高自身劳动的理论化觉悟，另一方面也将不断地形成和巩固热爱劳动、崇尚劳动的价值观追求，从而形成正确的劳动观。而有了这样的劳动观，新时代大学生在劳动教育方面的主观能动性将最大限度地发挥。

要不断提高和增强劳动理论的自我教育能力，新时代大学生还必须注重开展旨在提高自我实践能力的学习活动。这种实践学习活动可以采取多种多样的学习形式，但是在组织这些学习活动的时候，必须高度重视发挥大学生自身的实践创造能力。新时代大学生所要培养的劳动能力，主要是指科学劳动的实践能力，而这种科学劳动的实践能力在某种意义上集中地体现在大学生对学习活动的创造性理解和追求上。这种理解和追求包括形式和内容两方面。

（3）加强自我反思。在新时代大力推进和加强大学生的劳动教育，让大学生自觉养成良好的劳动习惯，在积极发挥大学生主观能动性作用的过程中，大学生应该高度重视自身反思能力的独特作用。也就是说，推进和加强劳动教育，大学生必须加强自我反思。

一方面，新时代大学生要对之前的自我学习状况和精神面貌进行批判性的反思。因为要真正地推进劳动教育走深走实，大学生必须进行深入的思想观念的"优化升级"，所谓思想观念的"优化升级"，不是指某种外在性的更新与替换，而是指一种源于内生性的、集中在认知层面上的个人化的思想观念提升。大学生要推进这种自我反思也并不容易，必须要有科学理论作指导才是可能、可行的。这种科学理论，就是马克思主义关于人的全面发展的理论。只要时刻以这种全面发展的理论作为指导，大学生的自我反思将会更加有针对性，从而对自己的片面认知作出彻底的批判性清理，以便为接受和践行新的劳动教育理念准备好更为肥沃的思想土壤。另一方面，新时代大学生也要对劳动教育的"劳动"本身作出更加全面的反思，要发自内心热爱劳动。

（4）加强自我升华。在新时代推进和加强劳动教育，让大学生自觉养成良好的劳动习惯，不能忽视或轻视大学生自身的主观能动性。大学生的主观能动性不仅体现在自觉加强自我管理、自我教育和自我反思上，更体现为在劳动教育问题上注重自我升华。因为没

模块四　端正劳动态度　提升劳动素养

有自我升华，自我管理、自我教育、自我反思都很难有质的突破。大学生在劳动教育问题上自觉加强自我管理、自我教育、自我反思，就会产生出自我升华的效果。"自我升华"指的是大学生养成了这样一种习惯，或者说萌生了这样一种觉悟，即能够把个人的劳动与社会、国家、民族的长远发展目标融合起来，把个人价值与社会价值交融起来，树立起正确的、有意义的、高度契合马克思主义的世界观、人生观、价值观。

一方面，大学生要努力树立起个人劳动价值观。在马克思看来，个人与国家、民族之间的关系，不是彼此孤立、相互绝缘的关系，个人不可能脱离国家、民族而生存和生活，更不可能脱离国家、民族的发展而单独发展。国家和民族的长远发展和美好前景为个人发展提供了某种可能性。

另一方面，大学生要努力树立起面向社会的劳动价值观，即个人的劳动不仅仅是个人的事情，更是我们这个国家和民族的事情；不仅关乎个人的幸福生活，更攸关我们中华民族的未来命运。个人的劳动、个人的发展对国家和民族的未来前景有着决定性作用。而新时代大学生，作为国家和民族的未来，更应有此觉悟、有此抱负、有此信念。只有树立了这样的劳动价值观，大学生才会不断提高自我觉悟，不断进行自我升华，从而更加自觉地加强和推进自身的劳动教育，自觉养成良好的劳动习惯。

三、任务设计

任务1　身边同学的劳动习惯调研活动

（1）通过对本班或者本专业同学的劳动习惯进行调查研究，把握新时代大学生劳动习惯的主流与问题，并对自身劳动习惯有正确的认知。

（2）提升调查研究的能力和分析问题、解决问题的能力。

（3）增强团结协作意识。

自行分组，对本班或者本专业同学的劳动习惯进行调查研究，设计劳动习惯主题的调查问卷并分发、回收，对调查问卷取得的数据进行整理、统计分析。调查研究结束后，应理性思考，撰写调研报告，提出问题和建议等。各班学习委员组织学生进行交流和互评，选出3份优秀调研报告进行课堂分享。教师挑选出优秀调研报告予以点评，并为相关学生颁发荣誉证书。

活动要求

（1）每个调研小组不超过4位同学。

（2）每个调研小组内的同学们应团结协作、群策群力。

（3）调研数据应客观真实，严禁造假。

（4）调研报告建议应具有可行性。

（5）调研报告不得少于1000字。

（6）注意保护特殊群体学生的隐私。

写实记录

任务2　经典阅读沙龙活动

活动目标

（1）重温习近平总书记当年在梁家河的劳动故事，领略习近平总书记身上可贵的劳动品质，从而进一步加强自身的劳动教育，主动养成良好的劳动习惯。

（2）提升文学修养和语言文字能力。

纪实文学《梁家河》全书10余万字，40余幅图片，共分为四个部分，讲述了习近平总书记在梁家河的知青生活，记录了梁家河几十年来翻天覆地的巨大变化。《习近平的七年知青岁月》是由29名采访对象的口述内容汇集起来的一本采访实录。受访者以口述历史的方式再现了青年习近平扎根陕北黄土高原，七年来同人民群众同甘共苦、情同手足、血肉相连、鱼水交融的青春面貌。教师组织同学们诵读书中的精选段落，重温习近平总书记当年在梁家河的劳动故事，汲取精神力量。组织同学们选取书中的名句金句谈感想体会，分享读书心得，展示读书笔记。

（1）全文阅读《梁家河》《习近平的七年知青岁月》这两本书，并写读书笔记。

（2）诵读以班级为单位开展，也可以在班级内分组进行。

（3）每位学生摘抄书中的名句金句，不少于20条，并写下感想体会。

（4）撰写读书心得，不少于800字。

任务3 "我为困难群体献爱心"志愿者服务

活动目标

（1）在福利院开展志愿者服务活动，使学生在公益性劳动、服务性劳动中不断提高自我觉悟，不断进行自我升华，从而更加自觉地加强和推进自身的劳动教育，自觉养成良好的劳动习惯。

（2）接触社会、了解社会、关注社会上的困难群体，增强社会责任感，弘扬中华民族传统美德。

活动内容

福利院是国家、社会及团体为救助社会困难人士、疾病患者而创建的为他们提供衣食住宿或医疗条件的爱心场所。

教师组织学生提前两周去学校所在地的福利院联系对接，了解福利院需要；组织学生提前确定好要表演的节目，认真排练；提前购买好到福利院赠送的礼物，包括水果、牛奶、书籍、糖果等；去福利院为社会困难人士、疾病患者赠送礼物、表演节目，并做一些打扫室内外卫生、洗涤衣物、晾晒被褥等力所能及的事情。

活动要求

（1）在往返途中必须守时，注意安全。

（2）必须严格遵守福利院的相关规章制度，听从安排。

（3）注意自身形象，展现新时代大学生的风采。

写实记录

四、拓展阅读

名人名言

那些为共同目标劳动因而使自己变得更加高尚的人,历史承认他们是伟人;那些为最大多数人们带来幸福的人,经验赞扬他们为最幸福的人。

——马克思

劳动者的组织性、纪律性、坚毅精神以及同全世界劳动者的团结一致,是取得最后胜利的保证。

——列宁

一切乐境,都可由劳动得来;一切苦境,都可用劳动解脱。

——李大钊

主题三　锤炼综合过硬的劳动素养

一、知识导航

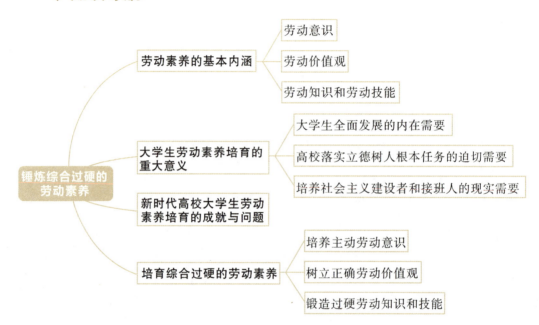

二、主要内容

（一）达成目标

（1）知识目标：理解劳动素养的基本内涵。

（2）能力目标：能够把握新时代高校大学生劳动素养培育的成就与问题，对自身劳动素养有正确的认知。

（3）素质目标：认识到劳动素养培育的重大意义，通过培养主动劳动意识、树立正确劳动价值观、锻造过硬劳动知识和技能，进而锤炼综合过硬的劳动素养。

（二）内容概要

1. 劳动素养的基本内涵

"劳动"是一个较为复杂的概念，社会生产力的进步和时代的发展不断赋予劳动新的内涵。劳动在中国古代农耕社会偏指耗费大量人力和精力的体力劳动。马克思对劳动有着十分深刻的认识和把握，他从人与自然的角度出发对劳动进行了阐释，他认为劳动是"人以自身的活动来中介、调整和控制人和自然之间的物质变换的过程"。在他的阐释中强调了劳动的独特性、目的性与主动性。恩格斯将劳动形式划分为体力劳动和脑力劳动两种类型，强调的是劳动过程中的手脑并用，也就是说，劳动脱离不开人的脑力与体力的运用。总之，劳动架起了人与人之间的桥梁，促进了社会生产力的不断发展，不断推动社会进步。因此，要用发展的眼光来看待劳动。

"素养"中的"素"有"本来的""本性的"的含义，"养"即"培养""锻炼"的意思。素养作动词之用时，有修习涵养之意，比如在《汉书·李寻传》中有"士不素养，不可以重国"的表达；作名词之用时，可体现修习涵养的具体内容，包括道德、心理、文化、艺术等。"素养"一词随着时代的发展变化而呈现出新的内涵。

劳动素养在形式上，是劳动和素养两个词汇的组合。实质上看，它的内涵也是两个词汇内涵的有机融合。劳动素养是个体在实践活动中经过有目的的学习或训练所形成的与劳动相关的素养，它主要由劳动观念、劳动能力、劳动精神、劳动习惯与品质四个要素构成。其中，劳动观念是指个体在外界环境和自身因素的共同影响下所产生的对劳动、劳动者的看法和态度。比如是否能够认识到劳动的重要性、是否能够做到从心底里尊重劳动者等。劳动能力是指个体为胜任某项劳动工作所必须掌握的劳动知识和劳动技能。劳动精神是指个体在劳动实践活动中所表现出来的持久且积极的精神风貌。劳动习惯和品质是指个体通过持续性劳动而逐渐内化形成的稳固的良好劳动行为和积极人格特征。需要说明的是，它是在个体的劳动观念、能力和精神品质等因素综合作用下形成的。

劳动素养具有四方面特征：一是实践性，劳动素养不是人所先天具备的，它是人在后天的学习和训练过程中逐渐培育形成的。二是发展性，社会越进步，对人劳动素养的要求就越高，所以从这一点来看，劳动素养的形成侧重点是适应未来社会生活需要。三是复杂性，劳动素养的呈现因人而异，它是人的劳动观念态度、能力习惯、精神品质等各种要素综合作用形成的结果，劳动素养的提升脱离不开体力和脑力劳动相结合。四是综合性，劳动素养的提升不仅是内部各要素共同作用的结果，同时还需要外在环境的支撑，只有内外要素共同发挥作用，人的劳动素养才能得到全面提升。

大学生作为新时代的主力军，既要具备一般劳动者所必需的劳动素养，也应具备更高水平的劳动素养。大学生与中小学生在知识层次、思维知识、价值追求方面存在差异，针对不同学段的目标任务对劳动素养的培育也有不同的要求，大学生劳动素养是中小学劳动素养的不断深化。因此，大学生劳动素养就是大学生通过教育学习与实践，养成主动的劳动意识，秉持正确的劳动价值观念，具备必要的劳动知识和技能。

大学生劳动素养包括四个要素：劳动意识、劳动价值观、劳动知识和劳动技能。对大学生劳动素养的构成要素进行解构式的分析，我们更能明晰一个具有良好劳动素养的大学生所应当具备的素质体现。

（1）劳动意识。劳动意识是劳动者在劳动实施过程中的自觉性体现，是对待劳动形式的感知性与选择性，也是对待自己和他人劳动成果的综合反映。劳动意识是否主动决定着大学生在劳动过程中是否发挥主观能动性。劳动意识产生于人的头脑之中，有特定的反映对象。劳动意识的价值导向通过劳动动机和劳动态度显现。劳动意识的主动与否直接影响着大学生对劳动价值取向的认识、劳动精神的弘扬、劳动知识和技能的形成与发展。因此，大学生要大力激发内在的主动性和能动性，勤于学习，鞭策自己，在学习生活中强化自立自强意识，展现当代大学生自力更生的自立精神。大学生要增强劳动诚实意识，积极参与服务性劳动，积极参加志愿者服务工作等工作，充分彰显大学生实干精神，进一步形成参与社会主义建设的自觉意识。

（2）劳动价值观。劳动价值观是大学生对劳动、劳动者、劳动过程、劳动关系、劳动价值和劳动目的的总评价和基本看法。劳动价值观是随着社会现代化不断发展的心理现象，通过感知逐步形成稳定的心理模式。首先，大学生要有深厚的劳动情怀，做到深入、持久地"爱劳动"，强化正确的劳动观念和消费观念。其次，大学生要尊重劳动，否定逃避劳动、歧视劳动等错误观念，正确认识到所有的职业都在社会主义发展过程中存在重大价值。崇尚、尊重劳动者，树立劳动者平等，不予区别对待的价值观念。最后，大学生在实践活动中，要不断超越人与自然、人与人、人与社会之间的重重矛盾，在进行劳动的过程中创造美好生活、塑造美好品格。

劳动知识和劳动技能。掌握与社会主义建设发展需求和未来人工智能相适应的劳动知识和技能是大学生劳动素养的根本，是完成劳动任务的胜任力。劳动知识是大学生在教育学习与实践中必须掌握并不断学习的知识，具体包括三个方面：理论性劳动知识；专业性劳动知识；与大学生自身权利义务息息相关的劳动法律知识。劳动知识和技能密不可分，大学生劳动知识丰富，才能在实践中有章可循，劳动知识和技能决定大学生在从事生产劳动、服务性劳动过程中，改造客观物质世界的能力。首先，在实践过程中，要不断提升对劳动知识进行综合运用的能力，掌握更全面的劳动知识和技能，做高素质的劳动者。其次，劳动能力的本质在于创造性劳动，不在于简单重复性工作，重复性工作显然不利于大学生劳动技能的增加。大学生要主动适应大数据时代、人工智能化时代、新劳动形态的变革，充分运用人工智能的积极因素，合力推动大学生劳动素养培育与大数据信息技术手段的融合，合力推动劳动知识和技能的整体提升。

大学生要正确认识劳动素养各构成要素之间的关系。它们四者之间相互独立又相互联系。劳动意识是大学生劳动素养的认知基础，没有主动自觉的劳动意识，大学生劳动素养培育就无从谈起。劳动价值观是大学生劳动素养的核心所在，劳动价值观作为劳动素养提升的内在驱动力，与大学生意识的参与程度和意愿的强弱有直接关系。劳动价值观的本质在于创造性劳动，劳动创造成果不止满足个人需求，更要服务他人和社会。劳动知识和技能是大学生劳动素养的根本，是完成劳动任务，解决实际问题的胜任力，是心理与生理综合而成的综合能力，劳动知识和技能相互支撑并共同发展。大学生劳动素养各构成要素之间相辅相成，相互融合，缺一不可。

2. 大学生劳动素养培育的重大意义

大学生劳动素养的培育，是大学生全面发展的内在需要，是高校落实立德树人根本任务的迫切需要，是培养社会主义建设者和接班人的现实需要。

（1）大学生劳动素养的培育是大学生全面发展的内在需要。实现德智体美劳全面发展是每个大学生奋斗的目标，也是人才素质的要求。大学生劳动素养培育与四育之间具有渗透性和相关性，必须将劳动素养培育嵌入全面发展目标，这也使全面发展目标有了具体的方向。大学生劳动素养贯穿于德智体美四种素质之中，通过培育大学生的劳动素养，做到以劳树德，以劳增智，以劳强体，以劳育美，以劳创新。劳动能促进人的智力发展，在实践过程中实现知识的拓展和能力的提升。劳动能磨炼吃苦耐劳的劳动品德，自觉接受劳动中蕴含的道德原则，也可以激发大学生的奉献意识、敬业精神、团队合作观念、集体主义精神、创造创新思维。通过体力劳动劳其筋骨，为从事基础劳动提供基本身体素质，培养劳动所必需的体力、耐力，奠定劳动实践的生理基础，培养劳动所必需的协调力和适应力。通过劳动，苦其心志，坚定人的信念，在一定程度上也消解了人的惰性。劳动能促进人的美感和审美能力的建造与发展，劳动会促生幸福感。

（2）大学生劳动素养的培育是高校落实立德树人根本任务的迫切需要。大学生劳动素养培育与落实立德树人的根本任务实现了必然耦合，大学生劳动素养培育是一个持续性的教育实践过程，需要高校有正确的政治站位。一方面大学生劳动素养培育是立德树人根本任务的重要内容，积极培育大学生劳动素养也是高校的职责所在。高校应着力解决大学生劳动素养培育过程中的现存问题，通过劳动素养培育，补齐劳育这个短板，为人才培养奠定基础。另一方面，发挥好大学生劳动素养培育在立德树人中的重要作用。高校大学生劳动素养培育，推动了新时代高校劳动教育高质量发展，与人才培养目标相得益彰，对高校完善培养时代新人的机制体制等工作的开展提供了建设性意见。因此，培育大学生劳动素养，是高校开展劳动教育的重要内容，这也成为高校更新自身、获得活力的重要契机与途径。

（3）大学生劳动素养的培育是培养社会主义建设者和接班人的现实需要。大学生劳动素养培育不仅关系到青年一代的劳动精神面貌，还关乎国家与民族的前途。实现伟大复兴的中国梦，始终需要一代代青年人认识到自己的使命，并为之奋斗。大学生劳动素养培育是培养创新型人才、新型劳动技能人才的内在需要，也是解决应用型人才与社会需求之间矛盾的现实需要。因此，实现中华民族伟大复兴就必须做好高校大学生劳动素养培育工作，为新时代现代化建设培养创新型、技术型、知识型高素质劳动大军。

3. 新时代高校大学生劳动素养培育的成就与问题

1) 新时代高校大学生劳动素养培育取得的成就

新时代以来，党和国家出台了一系列关于加强劳动教育的指导意见，为各高校大学生劳动素养培育提供了强大的领导力量。不少高校将劳动教育与大学生创新创业教育充分融合，高校大学生劳动素养培育方案正在不断完善，各高校根据自身院校特点从劳动教育全过程中的各个方面做了具体规划，有利于大学生劳动素养培育持续发力。

劳动教育课程体系不断发展。劳动教育课程体系建设是大学生劳动素养培育的基础，目前部分高校以"课程"教学为主要承载形式，对课时安排、学分设置方面做了明确规定。这一体系的建设保障了大学生劳动素养培育正常有序地开展。

劳动教育实践活动不断丰富。在加强常规劳动教育活动的同时，很多高校推出了一系列加强劳动教育的新活动。

劳动教育考核评价监督体系不断完善。考核评价监督的目的是让大学生的行为纳入劳动素养规范要求的体系,通过舆论、制度等措施监察大学生劳动行为,一些高校建立了劳动教育综合评价指标体系。

2)新时代高校大学生劳动素养培育存在的问题

当前,部分大学生存在劳动意识淡薄、劳动价值观偏颇、劳动知识和技能欠缺等问题。部分学生将学习和劳动对立起来,对劳动持排斥而非兼容,对立而非统一的态度。部分同学忽视体力劳动,只看重脑力劳动。随着现代科技的发展,很多力所能及的简单劳动都被机器所替代,大学生难以理解劳动过程的辛勤,催生了其懒惰、不善思考、不想劳动的不良习惯,导致大学生缺乏劳动的自觉性。

部分大学生参加志愿服务、社会实践活动的意愿不强。部分大学生参加社会实践以个人能力提升为主要目的,服务社会意识不强,社会责任感有待加强。部分大学生劳动能力弱化,部分大学生缺少实践锻炼,缺乏基本的劳动技能。高校在培养学生过程中会利用寒暑假开展社会实践、实习实训等劳动教育活动,组织师生到乡镇、社区、企业开展社会实践和调查研究,部分大学生没有实地调查参与社会实践活动,通过交表盖章等形式化呈现实践假象,形式化严重。因此,大学生并没有实现理论与实践知识的融会贯通,发现问题、分析问题的能力不足,依然解决不了实际问题。

部分大学生劳动价值观念功利化倾向较重。很多大学生不愿意到基层一线去工作,更有甚者认为自己受到高等教育,不应该做基层劳动者,就业规划模糊,对个人理想追求高于社会理想,忽略长远目标、潜在价值,没有把社会需要、国家亟须、民族振兴发展放在第一位。

4. 培育综合过硬的劳动素养

(1)培养主动劳动意识。大学生劳动素养培育,首先需要主体劳动意识的觉醒。这种主体意识的觉醒来源于对劳动有正确的理论认知,需要大学生在教育活动与实践中不断深化劳动教育的内涵,只有劳动意识自觉、主动,才会有深层次的理解和实践,才会有自觉践行的可能性。因此,大学生要树立自我发展的能动意识,要不断强化人的内在主体性和主动性,要知其自身存在的问题,在具体的对象性活动中不断完善。培养主动的劳动意识,也不能局限于个人的教育活动,劳动实践活动的开展需要多人合作完成,在劳动素养提升的过程中,形成良好的同辈关系,养成团结协作、崇俭黜奢的良好品质。大学生要积极参加各类公益活动,投身大学生志愿服务活动,自觉参加校园活动,强化自我劳动意识,提升自身公共服务意识,自觉投身社会主义建设,用自己的所学服务他人、服务社会。

（2）树立正确劳动价值观。大学生要不断增强劳动价值认同，达到情感上的接受与认同，没有劳动情感的认同，外在的灌输是无法走进内心的，要切实改变自身不尊重劳动，不尊重他人劳动成果的行为。劳动教育本身就是身体力行、手脑并用的教育，随着创造性劳动、复合型劳动增多，大学生在实践过程中重视"心"忽视"身"，虽然不能把劳动理解为简单的体力劳动，但也不能忽略体力劳动的重要作用，要消除对体力劳动的偏见，通过动手实践，体验劳动成果的不易。大学生要自觉向劳动模范学习，从盲目追星转向崇尚劳动，尊重那些普通但不平凡的劳动模范，领会劳动价值观念和劳动精神的内涵。大学生要永葆艰苦奋斗的作风，在实践与理论中不断完善自己，成为时代的领跑者，带动全社会形成良好社会氛围。

（3）锻造过硬劳动知识和技能。过硬的劳动知识和技能不仅是大学生成才发展，提高劳动质量和效率的必备要素，也是提升服务社会和实现国家富强的根本保证。劳动知识和技能并不是一日养成的，而是在长期的实践过程中锻造的，大学生应坚持实践性原则，实现理论学习和实践紧密结合。社会实践既是有组织的学校教育，又是一种基于活动主动性的自我教育。社会实践是提升劳动能力的一种重要形式，实践环节能够将理论知识运用转换，大学生通过实践操作可以强化对劳动方法、劳动技能的熟练运用。为适应科技发展和产业变革，在"大众创业，万众创新"的倡导下，大学生可以通过多种渠道积极学习劳动知识，注重新兴技术创新，于实处用力，在实践中发现自身不足。大学生一方面应打破参加实践活动必须"出校门、进企业"的思想误区，积极参加学校组织的劳动实践活动，培养动手能力和积攒劳动知识。另一方面应积极参加大学生创新创业大赛、田野调查活动，提升解决实际问题的能力，为未来职业发展储备能力。

三、任务设计

任务1 "大学生劳动素养从何而来"主题研讨

活动目标

（1）通过主题研讨，准确把握劳动素养的内涵外延，认识劳动素养培育的重大意义，进而积极锤炼综合过硬的劳动素养。

（2）增强信息搜集能力、自学能力、语言表达能力。

模块四 端正劳动态度 提升劳动素养

主题研讨活动是增强信息搜集能力、自学能力、语言表达能力等综合能力的有效方法，也是增强教育教学实效性的有效手段。教师提前一周提出讨论主题；由班级学生干部牵头成立主题研讨小组，具体分工，明确任务，充分查阅资料，深入思考，形成认识和观点；教师在课堂上组织学生各抒己见，展开讨论，讨论应理性客观，充分交流，不怕交锋，热烈友好；教师对学生的主题研讨做出全面准确的归纳总结，统一思想，提升认识；主题研讨后，学生撰写心得体会。

（1）紧扣研讨主题，打开思路，各抒己见。

（2）发言应经过充分思考，有理有据，紧密联系实际。

（3）主题研讨后，撰写心得体会1篇，写清自己的认识和观点，不少于1000字。

任务2 "筚路蓝缕，以启山林"主题观影活动

（1）观看纪录片《红旗渠》，感受辛勤、智慧的劳动可以培养造就能工巧匠和管理人才，可以创造人间奇迹，从而自觉培养主动劳动意识、树立正确劳动价值观、锻造过硬劳动知识和技能。

（2）深刻领会红旗渠精神，明确自身肩负的历史使命，树立正确的世界观、人生观和价值观。

时代背景：红旗渠是在1960年2月动工的，当时正值国家三年困难时期，虽然林县此前也修过一些水库，但面对红旗渠这么大的工程，就显得"三无一少"了：一无技术，二无经验，三无材料，不但资金缺乏，物资缺乏，甚至连钢钎、镐头、抬筐、抬杠等简单工具也很缺乏。在这种情况下，工地党委提出了勤俭建渠、艰苦创业的方针："自力更生是法宝，众人拾柴火焰高，建渠不能靠国家，全靠双手来创造。"

剧情简介：该片讲述的是在1960年，以杨贵、李贵"二贵"为首的县委县政府领导班子提出"用林县人民勤劳的双手，重新安排林县河山"的誓言，他们决定在太行山开凿一条引水渠，从山西省平顺县把漳河水引入林县，并给这条渠取名为"红旗渠"。20万林县民工克服种种困难在太行山上劈山开石，架起157个渡槽，打通211个隧道，终于修成宽8米，高6米，全长71千米的总干渠。在十年的开挖红旗渠的伟大实践中，无数劳动者通过辛勤、智慧的劳动，创造了人间奇迹，这期间也培养造就了一批建筑方面的能工巧匠和施工管理人才。

学生观看视频并撰写观后感。观后感一般由四部分构成：第一部分，由观而引出感，开头部分好比一条醒目的标语或引子，先交代清楚看了什么视频，有什么感想。第二部分，具体谈感受是什么，通过简述的方式，采用夹叙夹议的形式，把感人的故事情节或人物形象或词句叙述出来，抒发自己的感受，有层次地把自己的感情一步一步地推向顶点，得到升华。第三部分，把感受落实到自己的现实生活中去，联系生活中的事例来谈感受。第四部分，对全文内容做收尾总结，可以进一步抒发理想或希望，把全文的情感升华到顶点。

（1）观影时要注意纪律和秩序，手机调至静音，不得随意走动或大声喧哗。

（2）在观影后撰写一篇观后感，1000字以上。观后感应有感而发，联系实际，切忌空谈。

模块四　端正劳动态度　提升劳动素养

写实记录

_____
_____
_____
_____
_____

任务3　"创新创业　勇立潮头"主题参访活动

（1）参访陕西宝鸡东岭集团，增强创新意识、培养创新思维、提高创新能力。

（2）勇于创业，勇立潮头，积极发挥自身潜能，实现自我价值，为实现中华民族伟大复兴的中国梦注入强大动能。

东岭集团股份有限公司（以下简称东岭集团）是由1979年村办集体企业发展而来的大型民营股份制企业。东岭集团总部位于陕西省宝鸡市，拥有员工1.8万余名，下辖100多个成员企业（公司），分布在上海、天津、重庆、西安、南京、广州等40多个城市，主要涉及贸易供应链、实体制造、地产服务三大产业板块，业务布局全国，辐射全球市场。40多年来，东岭集团始终践行"以企带村、村企合一、共同发展"的创新体制，把一个贫穷落后的东岭村建设成为"全国文明村""中国十佳小康村""中国十强村"。村民人均年收入超10万元，户均资产超500万元。40多年来，东岭集团积极承担政治责任、经济责任和社会责任，先后参与10多家濒临破产的国企改制，安置上万名国企职工。积极投身公益事业，修路架桥、捐资助学、扶贫帮困，近年来累计捐资超过3亿元，被陕西省委、省政府表彰为"为社会公益事业做出突出贡献企业"。

主题参访活动前，教师联系对接东岭集团的相关负责人员，协商好本次活动的各项具体安排及相关细节；制订活动计划，明确项目内容和分工，联系出行车辆。到达目的地后，全体人员在规定的具体地点集合，领导致辞；东岭集团的相关负责人员详细介绍集团发展概况及企业创新创业者的故事和精神；学生代表发言；列队有序参观集团公司；全体人员在集团公司门前合影留念；集合乘车回校；回校后，学生须独立完成主题参访心得体会一篇。

活动要求

（1）听从指挥、统一行动，不得擅自离开集体、不掉队。

（2）注意确保人身安全、财产安全、饮食安全、交通安全等各项安全。

（3）遵守参访地的各项规章制度，文明礼貌，展现新时代大学生的良好风貌。

写实记录

_____

_____

_____

_____

四、拓展阅读

名人名言

较高级复杂的劳动，是这样一种劳动力的表现，这种劳动力比较普通的劳动力需要较高的教育费用，它的生产需要花费较多的劳动时间。因此，具有较高的价值。

——马克思

红旗渠精神是我们党的性质和宗旨的集中体现，历久弥新，永远不会过时。

——习近平

人，不管是什么，应当从事劳动，汗流满面地工作，他生活的意义和目的、他的幸福、他的欢乐就在于此。

——契诃夫

科学不是可以不劳而获的——诚然，在科学上除了汗流满面是没有其他获得成功的方法的；热情也罢，幻想也罢，以整个身心去渴望也罢，都不能代替劳动。

——赫尔岑

在重视劳动和尊重劳动者的基础上，我们有可能来创造自己的新的道德。劳动和科学是世界上最伟大的两种力量。

——高尔基

模块五
投身劳动实践　提高劳动技能

主题一　校园日常劳动提升生活技能

一、知识导航

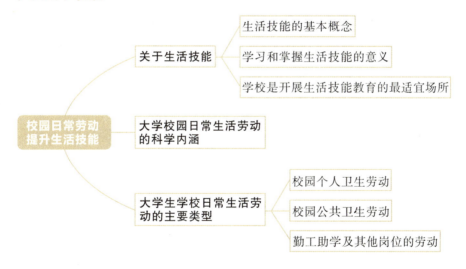

二、主要内容

（一）达成目标

（1）知识目标：形成良好的日常生活劳动习惯，把劳动习惯、劳动品质的养成融入自我的成长，促进优秀人格品质的养成。

（2）能力目标：提升日常生活必需的劳动技能和独立生活的能力。

（3）素质目标：增强自我认识，树立自信心与责任心。

（二）内容概要

1. 关于生活技能

1）生活技能的基本概念

"生活"一词，有广泛的含义。这里所指的"生活技能"，不是指洗衣、做饭、整理内务等"生存"能力，而是指一个人的心理社会能力。世界卫生组织专家认为："所谓心理社会能力，是指一个人能有效处理日常生活中的各种需要和挑战的能力；是个体保持良好的心理状态，并且在与他人、社会和环境的相互关系中表现出适应和积极的行为的能力。"根据该定义，可以有许多种能力被称为"生活技能"，包括自我认识能力、同理能力、有效的交流能力、人际关系能力、调节情绪能力、缓解压力能力、创造性思维能力、批判性思维能力、决策能力和解决问题能力。

2）学习和掌握生活技能的意义

生活技能是一个人心理素质的重要表现。在当今竞争激烈的社会中，它与个体的身心健康有密切关系。生活技能是每一个人都应掌握的能力，不仅能帮助人们解决现有的各种困惑和问题，而且能为人们走上社会奠定坚实的基础。因此，在学校中进行生活技能教育，显得尤为必要和重要。生活技能教育的目的，就是使儿童和青少年掌握这些技能，正确认识自己、他人和周围环境，调整自己的行为，发挥个人的潜能，建立健康的生活方式，健康成长。

3）学校是开展生活技能教育的最适宜场所

在开展生活技能方面，学校具有以下优势：第一，生活技能教育与学校教学目的一致。学校的教学目的之一，是使学生逐步走向社会，在社会中发挥潜能，并对社会做出贡献。生活技能教育能很好地帮助学校达到这一目标。提高学生的心理社会能力，使学生有能力应对生活中的各种压力和挑战，为步入社会做好充分准备。第二，学校是大学生的主要生活场所。学校能有组织、有系统地对儿童青少年进行教育，从而使绝大部分儿童和青少年受益。第三，学校可充分利用现有设施取得良好效益。生活技能教育的特点是投入少、收益大。所以，学校只要充分利用现有设施、条件，不需要投入大量新的人力、物力，就可在健康促进方面取得明显效果。第四，学校拥有一批具有丰富教学经验的老师，这是其特有的优越条件，经过短期培训，这些教师便基本上能承担生活技能教育的教学。学校又是联系家长和社区的重要纽带，大多数学校在家长和社区中有良好的信誉，容易取得他们的支持和帮助。第五，学校有条件进行效果评价。在学校中，对开设的生活技能教育进行经常性的监督和评价，不仅有利于促进生活技能教育的发展和改进，还可充分利用评价结果，进一步向其他学校和场所推广。

大学生要想成就一番事业首先要从小事做起，我们耳熟能详的"天下难事，必作于易；天下大事，必作于细""一屋不扫，何以扫天下"等古语典故，充分表明：日常生活劳动是提升个人道德修养、促进家庭和睦、提高生活技能，甚至是培养治国安邦能力的必要修炼。

2. 大学校园日常生活劳动的科学内涵

大学生日常生活劳动主要是立足个人生活事务处理，结合开展新时代校园爱国卫生运动，注重个人生活能力提升和良好卫生习惯养成的一种自我服务、自律型劳动。它是培养学生日常生活必需的劳动技能和独立生活的能力，增强自我认识，树立自信心与责任心的一个重要途径。大学生日常生活劳动对提升个人道德修养，促进家庭和睦等都具有一定的促进作用。有利于培养笃实力行、艰苦奋斗的良好品质，爱国爱家、勇于担当的责任意识，遵规守纪、团结协作的良好作风。大学生积极参加校园日常生活劳动，不仅能够培养良好的卫生劳动习惯，树立自立自强意识，还能磨炼意志，增强自我约束、自我管理和服务他人的能力。

3. 大学生学校日常生活劳动的主要类型

1）校园个人卫生劳动

校园个人卫生劳动是为保障个人身心健康、预防疾病，改善和创造生理心理需求的环境及生活条件所采取的个人卫生劳动，具有预防疾病发生、保持身心健康和积极生活态度的作用。

校园个人卫生劳动主要有以下三种类型：个人仪容仪表整理，包括着装干净整洁、仪容端庄大雅、定期清洗衣物、定期换洗床上用品等。寝室个人卫生劳动，包括保持寝室干净整洁、遵守寝室劳动安排、保持寝室通风透气、寝室定期杀菌消毒等。公共学习场所的个人卫生劳动，包括保持教室干净整洁、维护自习室环境卫生、保持图书馆干净整洁等内容。

此类劳动是一种最基础的生存技能，学生料理自己日常生活，在个人卫生劳动中要树立"自己事自己做"的自我服务意识。青年学生们生活自理能力的形成，有助于培养学生的责任感、自信心及处理问题的能力，对于学生们今后的生活也会产生深远影响。

上述劳动项目的特点体现在三个方面：第一，事情小。无论是个人卫生清洁、衣物清洗整理，还是个人日常用品的整理，皆是生活中的小事情。但是，它们却是人们养成卫生习惯和培养生活自理的起点。第二，完成难度小。相比较读书学习而言，这些自我服务劳动项目是较为简单的，是"只要你肯做"就一定能学会、做好的。第三，重要性大。良好的外在形象塑造、较强的独立生活能力培养，无不是从家庭劳动，特别是从自我服务劳动开始练就的。

个人卫生劳动无论是对家庭，还是个体，都具有重要意义。主要体现在：第一，个人卫生劳动是生活自理能力培养的重要途径，有利于劳动意识、劳动能力的培养。第二，个人卫生劳动是家庭美德形成的重要载体，有利于提升个人觉悟，促进德智体美劳的全面发展。第三，个人卫生劳动是个人品德形成的实践内容，有助于个人意志品质的形成。个人卫生劳动将所接受的教育融入自我管理、自我服务的日常生活劳动中，自觉坚持"自己的事情自己做"，正是我们践行"知行合一、慎独自律"的重要内容。

2）校园公共卫生劳动

校园环境是一所学校的窗口，也是师生精神面貌的集中展现。优美的校园环境可增强学生自觉保洁的意识，养成良好卫生习惯，营造良好育人环境。

校园公共卫生劳动的主要类型有以下三种：打扫教室卫生，包括打扫清洁教室地面、整齐摆放桌椅设备、擦拭桌面等。教室外部公共区域的卫生劳动，包括打扫教室走廊卫生、打扫校园绿化带、打扫公共卫生间等。校园机动车道、人行道的卫生劳动，包括打扫校园机动车道、打扫校园人行道、整治校园乱停乱放等。

学校对大学生的日常生活管理以及校园各种活动能有效促进大学生劳动意识的提高和劳动习惯的养成。例如，定期或不定期的寝室卫生检查，能够有效督促学生进行个人内务整理及宿舍整体卫生清洁，对于那些生活自理能力较差的同学能够增强其劳动意识，培养其基本劳动习惯的养成。

学生参加校园公共卫生劳动，能够培养学生热爱劳动，热爱劳动人民的思想感情，培养学生吃苦耐劳、克服困难的意志。同时，在劳动中，学生自己付出辛劳使环境变得优美，从而懂得珍惜劳动成果，懂得不讲卫生是可耻的行为。长此以往，学生就会自觉维护校园环境，养成讲卫生、爱清洁的习惯。

3）勤工助学及其他岗位的劳动

勤工助学是学生在学校的组织下利用课余时间，通过劳动取得合法报酬，用于改善学习和生活条件的实践活动。

模块五　投身劳动实践　提高劳动技能

大学生勤工助学是大学生利用课余时间所进行的校内或校外兼职劳动,在促进自身德、智、体、美、劳全面发展的同时,获得劳动报酬以改善生活条件。校内勤工助学是由学校统一组织和管理的,为部分家庭困难学生或有勤工助学要求的学生提供助学岗位。学生利用课余时间劳动,一方面获得收入以改善学习和生活条件,一方面通过劳动实践得到成长和锻炼,提高综合素质。校外勤工助学是大学生利用课余时间在社会上的企事业单位或社会团体、组织所进行的校外兼职工作,一般是通过学校推荐或者自己寻找。在校内开展勤工助学活动的,学生及用人单位须遵守国家及学校的勤工助学相关管理规定。学生在校外开展勤工助学活动的,勤工助学管理服务组织必须经学校授权,代表学校与用人单位和学生三方签订具有法律效力的协议书。签订协议书并办理相关聘用手续后,学生方可开展勤工助学活动。协议书必须明确学校、用人单位和学生等各方的权利和义务,开展勤工助学活动的学生如发生意外伤害事故的处理办法以及争议解决方法。在勤工助学活动中,若出现协议纠纷或学生意外伤害事故,协议各方应按照签订的协议协商解决。如不能达成一致意见,按照有关法律法规规定的程序办理。

勤工助学活动应坚持"立足校园、服务社会"的宗旨,按照学有余力、自愿申请、信息公开、扶困优先、竞争上岗、遵纪守法的原则,由学校在不影响正常教学秩序和学生正常学习的前提下有组织地开展。勤工助学是学校资助学生工作的重要组成部分,是提高学生综合素质和资助家庭经济困难学生的有效途径,是实现全程育人、全方位育人的有效平台。

勤工助学作为大学生劳动实践的有效形式,是培养和造就全面发展的人的具体实现形式,是我国高校劳动教育的重要途径和方式。随着时代的发展,勤工助学的内涵也在发生着改变,并不断得到充实和完善。勤工助学的功能也在由"济困"向"育人"逐渐转变。

三、任务设计

任务1　爱我校园,美化环境

(1)了解校园卫生的概念,掌握校园卫生的标准,熟悉校园卫生的范围。

(2)理解校园卫生对于学生个人成长的积极意义,提高策划、合作、组织、实践的能力。

(3)培养互助互爱、团结协作的精神,增强责任心及集体荣誉感,增强学生的爱校意识和劳动奉献的自豪感,树立主人翁意识。

（1）每个学生在班级内寻找适合自己的岗位,在为集体、为他人服务的过程中体验劳动的快乐,培养责任感。

（2）以班为单位开辟校内的劳动责任区。校园的院区及绿化区、实验实训室、实践教学基地等定期组织人员进行劳动锻炼,确保"时间、地点、人员、效果"四落实。

（1）在活动过程中,活动参与者要认真佩戴口罩、手套等防护工具。同时,注意劳动工具的使用方法,爱护劳动工具。

（2）按照活动负责人员的安排指导进行劳动,避免由于失误对公共设施造成破坏。

（3）撰写800~1000字心得体会。

模块五　投身劳动实践　提高劳动技能

任务2　助力食堂　你我参与

（1）了解食堂清洁的要求，掌握食堂清洁的基本技能，获取食堂相关安全知识。

（2）通过在食堂进行清洁活动，体会劳动的艰辛。

（3）通过体验劳动，提高劳动技能和感受劳动光荣，自觉参与社会劳动，培养劳动观念。

（4）对就餐过程中的浪费现象进行记录和反思，增强节约意识，养成勤俭节约的好习惯。

（1）参观食堂内部运转流程，充分了解食堂清洁的相关步骤、卫生标准及安全隐患排查措施。

（2）帮助洗菜、切菜、洗碗，观摩大厨的厨艺展示等。

（3）在食堂工作人员的安排下进行卫生打扫和劳动体验。

（1）每位劳动参与者应每日填写"工具领取表"；工具统计员发放工具，在每日劳动活动结束后登记归还。

（2）活动中采取拍照片或录视频的方式，将每日的值日情况进行记录，并提交给相关负责人。

（3）严禁劳动参与者故意破坏劳动工具。

（4）无特殊情况，劳动参与者不得将劳动工具带出劳动场所或丢弃劳动工具。

（5）在劳动过程中，若发现劳动工具出现老化损坏、缺失等异常情况，应及时向工具相关负责人反映。

（6）畅谈劳动体验和收获。

任务3 与你相"寓",一见钟"寝"

(1)了解良好的宿舍环境对保障学习、生活的重要性;知道文明健康、舒适整洁的宿舍环境,对心理健康发展的积极促进作用。

(2)掌握寝室卫生打扫和内务整理的方法技巧,学会把身边的一些废旧物品改造成能满足日常需要的物品或装饰物品,养成良好的文明行为习惯。

(3)培养互助互爱、团结协作的精神,增强责任心及集体荣誉感,在宿舍文化活动中有意识地提升自主创新意识,增强环保意识,将环保理念融入宿舍美化方案。

(1)各班同学以寝室为单位,自行进行寝室卫生打扫及寝室内务整理,同时也可通过一些装饰来美化寝室环境(但需注意不得造成火灾隐患),做好记录。

(2)各个寝室聚焦宿舍生活,挖掘寝室故事,打造学院良好寝室文化,营造温馨寝室小家。

(1)在宿舍文化活动中有意识地提升自主创新意识,增强环保意识。

模块五　投身劳动实践　提高劳动技能

（2）认真对待，按时上交相关材料：以寝室为单位将寝室照片、寝室介绍、视频介绍打包按照要求命名发送给各班生活委员，积极参加校园十佳寝室评选。

（3）上交的材料将存档，作为学院对学生劳动实践表现的评价指标及审核、认定学时的重要依据。

写实记录

四、拓展阅读

名人名言

知识是从刻苦劳动中得来的，任何成就都是刻苦劳动的结果。

——宋庆龄

完善的新人应该是在劳动之中和为了劳动而培养起来的。

——罗佰特·欧文

在人的生活中最主要的是劳动训练，没有劳动就不可能有正常的人的生活。

——卢梭

主题二　专业实训实践提升专业技能

一、知识导航

专业实训实践提升专业技能
- 开展"劳动+专业"实践教学，夯实学生专业技能立身之本
  - 依托校内实训基地，打造职业素养培养基地
  - 依托校外实训基地，打造行业生产岗位实践培养基地
  - 依托校企合作企业，打造职业发展探索基地
- 成立专业社团，培育创新劳动育人方式
- 创新搭建劳动实践平台，设置学生劳动岗位

二、主要内容

（一）达成目标

（1）知识目标：在专业实训实践劳动中学习其包含的劳动元素，加强对劳动、劳动精神、劳动价值的理解，更深入地理解专业知识，更熟练地掌握专业技能。

（2）能力目标：具备技术革新和技能创新的意识，具备满足生存发展需要的基本劳动能力，形成良好劳动习惯，不断提升综合素质和劳动能力。

（3）素质目标：强化劳动观念，端正劳动态度，增强法律意识，弘扬劳动精神、工匠精神和劳模精神，增强专业认同感。

（二）内容概要

专业技能的培养是高等教育专业教育中的重要一环，劳动是专业技能培养的重要途径。大学教育是专业化的学科教育，主要培养学生基于专业基础之上的综合能力，在教学实践中不仅要使学生具备良好的专业理论素养，更要使其具有将专业知识应用于实践的实际运

用能力，而目前各专业普遍开展的专业实习正是将所学专业知识实际运用的主要方式。当前许多高校都开展了专业实习的相关内容，而不同类型的学校和专业，其专业实习的途径与方式也有所不同。把劳动教育融入高职学生的实习实训，结合专业见习、实习等教学活动，组织学生到实践教育基地参加劳动活动，强化劳动知识和技能训练，结合工作岗位任务，进一步培养劳动情感、劳动观念和劳动能力，为今后的工作岗位要求奠定素质基础。

高职院校应以校内外实训基地为载体，以生产过程为场景，以劳动教育课程群设置为抓手，将校内外实训基地打造成以教学过程实践性为前提、以学生参与主体性为核心、以课程组织动态性为关键的专业实训型劳动教育基地。

1. 开展"劳动+专业"实践教学，夯实学生专业技能立身之本

随着"互联网+"、人工智能的发展，产业结构发生了重大变革，伴随着一些新经济形态的出现，专业技能实践的内容和形式也随之发生了很大变化，从而赋予劳动实践新的内涵。因此，需要不断开拓专业劳动实践育人平台，催生专业劳动实践新形态。

（1）依托校内实训基地，打造职业素养培养基地。专业实习实训教学课程，可以直接展开对学生劳动认知与劳动观念、劳动精神与劳动行为的引导式教育，使学生掌握专业相关的劳动技能，培养学生形成良好的专业劳动习惯，提升学生的专业劳动素养。

（2）依托校外实训基地，打造行业生产岗位实践培养基地。通过顶岗实训或实习实训等方式参与岗位专业实践，开展具有行业特色的专业劳动教育，短时间内实现技能和素养的双提高，培养学生的劳动素养。提高学生的劳动实践能力，使其成为具有较高核心素养的综合型人才。通过亲身经历企业的生产运营与管理，学习劳动纪律、劳动法律法规、劳动安全防护等相关专业劳动知识，塑造学生的劳动精神，培养学生的劳动能力。

（3）依托校企合作企业，打造职业发展探索基地。专业实践教学对接企业需求，既可丰富拓展劳动教育的实践场所，又可开展各种真实情景下的教学项目，学生在专业实践课堂中就是劳动者的角色，学生在轮岗实习中，了解和专业相关的多个岗位工作内容，为日后就业打好基础。对照企业劳动评价标准，开展实践教学实施，强化劳动精神、劳模精神、工匠精神的培育，引导学生积累职业体验、树立正确就业观。通过在基地讲授专业实践课程，帮助学生正确认识与认知自我，探究自身职业发展规律，并进行职业生涯的规划。

企业文化是企业发展的动力源泉。打造以企业文化体验、职业素养培养、生产岗位实践、职业发展探索为主题的劳动教育基地，让学生亲身感受企业文化，让劳动情感与劳动精神时刻感染学生。学生体验企业文化，结识名匠，参观劳动成果，使其在享受文化熏陶的同时，

学习工艺技能，激发创作灵感，感受世界大工匠的使命感和责任感。用劳动实例鼓励学生养成敬业、拼搏、爱岗的职业精神，养成正确的工作态度，端正自己的劳动价值观，从而实现劳动育人的目标。

2. 成立专业社团，培育创新劳动育人方式

专业社团作为学生在校学习的"第二课堂"，是专业教学的辅助力量，也是课赛融通的良好平台。专业社团发挥指导老师的专业作用，设置技能竞赛月活动，通过"培训+竞赛"的方式，每月组织技能培训项目，每月公布技能竞技题目，以专业社团为媒介，在学生中形成"比学赶帮超"的氛围，进一步培养学生的专业知识和劳动素养。专业社团将企业实战项目引进社团，让学生在实际的项目运营中，真正学到本领，校企合作也可带动一批学生提前就业。

专业社团的参与对于学生劳动知识的积累和巩固起到一定的促进作用，可激发学生对专业的学习热情和认可度；专业社团可通过校企合作的项目训练，提升学生的劳动技能，促进学生明确技能方向和职业岗位。

3. 创新搭建劳动实践平台，设置学生劳动岗位

通过聚焦学生劳动实践与专业创新的融合，在校园环境、便利服务、节能环保、校企合作等方面深挖潜力，如：结合专业特色开辟专门的学生劳作园，开辟建立校园生产劳动实践园地，农林专业可开辟农作物种植示范园，开展多种形式的生产劳动实践；电商专业可开辟物流园等。

构建并持续培育一批特色鲜明的"学院+项目"劳动实践平台。依托学校定点帮扶的校友生产企业、街道社区服务等工作，建立校外劳作实践体验基地，组织学生深入田间地头、车间工厂、街道公园，开展农业生产、工业生产和城市服务等艰苦劳动体验感悟活动，引导学生感受劳动的艰辛和快乐，增强获得感、成就感、荣誉感。这些劳动实践平台的搭建能让学生充分参与校区管理与服务，让学生在投身劳动的同时提高专业认知，激发学生专业学习的创造力，并依托劳动实践平台开展科研创新。从而推动劳动教育与专业实践的有机结合，增强学生的专业认同感；加强劳动教育的"智慧实践"，有目的、有计划地在劳动教育中融入科研训练、学科竞赛等，激发学生的科研兴趣，最终全面提升学生的综合素质。

模块五　投身劳动实践　提高劳动技能

三、任务设计

任务1　与"泥"相遇　深耕粮"识"

利用节假日或课余时间，根据实际情况，完成农作物的播种、田间管理及收获储藏。

（1）选择一种适种的农作物种子，完成耕地（或土壤条件的创造）、播种和播种后的管护。

（2）完成农作物的持续观察和管理，直至长大、开花、结果。

（3）完成农作物成熟期的持续观察和管理，待成熟后采摘收割，进行成果分享，做好后续储藏管理。

（1）了解农作物生长的基本条件，了解当地气候条件；了解有关耕地、播种的基本知识；了解田间管理的主要工作内容及自然灾害应对的相关知识；了解影响作物收获时机的因素，常见采收方法、储藏方法。

（2）学会如何根据现有自然环境条件选择适种农作物；如何选购适种的种子品种；学会根据种子品种和自然环境条件，选择合适的劳动设备；学会使用常用田间管理设备和方法进行劳作；学会根据不同因素，判断作物的收获时机。

（3）学会运用合适的采收和储藏方法，采收和储藏所种植的作物，学会珍惜劳动成果。

（4）在实践中体悟农耕之美，提升农耕技能，培养勤俭、奋斗、创新和奉献的精神品格。培养对大自然的敬畏精神和热爱之情，培养脚踏实地的实干精神，树立农业劳动安全意识和粮食安全意识，体会劳动艰辛，体悟劳动创造美好生活。

（1）了解家乡（或学校）的地域、气候、土壤类别、道路交通等环境条件，选择一种适宜种植的农作物品种。

（2）充分了解该作物的生长习性，结合自身喜好和需求，选取适宜的种子品种，确定适宜的种植地点、种植方式和播种时间。

（3）铲除所选地块上遗留的杂草，做好耕整地前的准备工作，杂草清理过程中拍照记录。

（4）了解所需耕地设备的用法，接受相关培训，学会如何使用这些设备。

（5）选择合适的天气，完成耕整地，并拍照记录。

（6）待时机成熟时进行播种，做好拍照记录。

（7）持续做好观察和管护，等待发芽。

（8）充分了解该作物不同生长阶段的习性，包括对温度、光照、水分、土壤、肥力等条件的要求，以及可能发生的病虫害等问题。

（9）持续做好观察和管理，为作物生长提供有利条件，包括杂草清理、浇水、施肥、病虫害防治等，等待长成壮苗，做好拍照记录。

（10）持续做好观察和管理，等待开花结果（不开花不结果的作物除外），做好拍照记录。

（11）持续做好成熟期的观察和管护，提前做好收割采摘前的准备工作。

（12）待果实生长成熟后，完成收割采摘。

（13）将果实做成自己喜欢的食物，与身边的人一同分享，同时分享自己的劳动点滴，邀请对方点评。

（14）果实如有富余，做好后期处理，包括分享给更多的人，晒干后储藏，放入冰箱冷藏等。

（15）与他人分享自己的劳动点滴，请对方评价。

（16）回顾整个过程，撰写劳动总结。

写实记录

模块五　投身劳动实践　提高劳动技能

任务2　大中小学共同体验劳动之美

适时适度地向中小学开放实训室，比如，在五一劳动节的时间节点，专业社团引领中小学生在观摩、模拟体验中感受劳动产品的真谛与美好，以及劳动者的光荣与伟大，共同寻找职业梦想。

（1）通过有针对性的活动，提高队员学习业务的积极性。

（2）通过活动加强队员间的相互了解，同时提高团队协作精神。

（3）提高队员士气，增加团队凝聚力。

（4）通过活动过程的组织，提高团队的组织能力及队员的参与积极性。

（1）学校向广大中小学开放学校的实习实训，尤其是部分专业的入门课程、实训模拟课程，由专业社团为中小学生讲解专业知识和虚拟的生产过程，为中小学生建构对劳动过程的基础感知。

（2）专业社团带领中小学生到企业中体验劳动的魅力，使中小学生在专业社团的引导下，边做边学、边学边思、边思边问，真实感受劳动生产的完整过程。

任务3　变废为宝

从自己的日常生活中收集一件可回收垃圾，发挥想象，运用自己所学的专业知识将其改造成一件实用的物品。

（1）了解"无废城市"理念，掌握垃圾分类的相关知识。

（2）掌握基本的专业技能，提升独立思考能力和创新能力。

（3）树立环保意识，强化劳动精神，增强对美好生活的热爱。

（1）选择合适的可回收垃圾。

（2）设计改造成品，要求成品美观且具有实用性。

（3）准备改造所需工具。

（4）利用互联网或身边其他资源，了解目标成品特点，并制订改造的具体步骤。

（5）完成原材料的准备工作并拍照。

（6）在保障安全的情况下尽量独自完成改造，改造过程做好拍照（需本人入镜）。

（7）改造完成后与改造成品拍照留念并及时清理多余的垃圾。

（8）邀请他人对改造后的成品进行评价。

（9）回顾整个过程，撰写劳动总结。

四、拓展阅读

名人名言

要想获得一种见解,首先就需要劳动,自己的劳动,自己的首创精神,自己的实践。

——陀思妥耶夫斯基

一个人,只有在实践中运用能力,才能知道自己的能力。

——小塞涅卡

实践,是个伟大的揭发者,它暴露一切欺人和自欺。

——车尔尼雪夫斯基

主题三　职业技能竞赛提升职业技能

一、知识导航

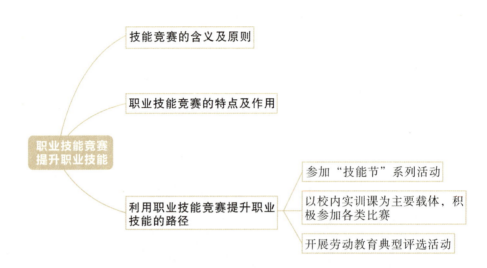

二、主要内容

（一）达成目标

（1）知识目标：深刻认知劳动光荣、劳动幸福、劳动者最美丽，积极投身劳动实践。

（2）能力目标：通过正向引领，提升职业技能，展示劳动者的积极性，提高劳动就业能力。

（3）素质目标：增进对劳动的认知和认同，培养工匠精神。

（二）内容概要

党的十八大以来，习近平总书记多次在讲话中强调培养技能型人才对于国家发展的重要性。在技能型社会建设背景下，高职院校劳动教育的核心任务是培养技能人才的职业劳动技能。新形势下，职业教育发展的目标就是提高劳动者的素质，提升学生的能力及就业率。随着社会不断发展，职业竞赛在职业院校中不断普及，形成了具有职业院校特色的教育体

模块五 投身劳动实践 提高劳动技能

系，使教学变得更加生动活泼。

1. 技能竞赛的含义及原则

技能竞赛是指依据党和国家对干部职工素质能力的要求，以及专业技术、职业技能的标准而开展的具体操作技能、解决实际问题的竞赛活动。全国职业院校技能大赛，是教育部发起并牵头，联合国务院有关部门及有关行业、人民团体、学术团体和地方共同举办的一项公益性、全国性职业院校学生综合技能竞赛活动，每年举办一届。全国职业院校技能大赛是专业覆盖面最广、参赛选手最多、社会影响最大、联合主办部门最全的国家级职业院校技能赛事。

坚持以社会效益为主和公开、公平、公正的原则，并与职业技能培训、职业技能鉴定、业绩考核、技术革新和生产工作紧密结合。各种职业技能行业可在职业技能鉴定的基础上开展职业技能竞赛。

2. 职业技能竞赛的特点及作用

职业技能竞赛的主要需求是凸显新兴技术与高超技能。这就需要有一些专业的技术专家和行业高手进行指导，在日常竞赛任务上进行严格的考核，建立一个职业技能竞赛的考核标准，同时按照职业技能竞赛标准来撰写具体的行为方案、技术上的理论操作与从实际情况出发的具体操作。竞赛的题目既要与国家最新职业技能标准相贴合，也要最大程度接近实际的生产生活；不仅要包含新知识和新技能的重要内容，还要可以真实展现出学生的学习水平，这样才能够更加彰显出教育教学工作的针对性、可实施性和操作性的需求，同时也可以展现出学生所学的专业特性，最主要的是能够提升学生自己的动手能力及应变能力。

职业技能提升让劳动者好就业、就好业。经常参加职业技能竞赛的学生走向社会后会更具竞争力。参加职业技能竞赛的学生本身实践操作能力就比较强，因此可以更加迅速地融入企业。同时技能大赛更重视与行业对接，能够让参赛学生设身处地地感受一项工作的完成过程，也培养了学生独立思考和解决问题的能力，这对学生融入社会具有重要意义。

提升职业素养，更受企业青睐。要想在职业技能大赛中取得优异成绩，需要扎实的理论知识和专业技能，这就必须让学生经过系统的培训，并动手操作。选手需要掌握理论知识、专业技能，这些都能够帮助参赛学生提升职业素养，提高其心理素质和技术水平。这就为企业的招聘及学生的就业打下了坚实的基础，也让此类学生更受企业青睐。

提高专业技能，提升职业能力。当有了职业兴趣，学生的学习就会从被动变为主动。参加职业技能竞赛，可以将技能竞赛与重塑自身价值观结合起来，竞赛中与其他选手的切磋和交流，可以帮助学生不断进步。技能的提高和比赛获得的荣誉能帮助学生树立自信，重新认识自身的价值。学生通过参加比赛，提高基本功，进一步提升职业能力，增强学生的职业优势。

增强抗压能力，提高心理素质。职业技能竞赛能够丰富学生的课余生活，使他们找到努力的方向，感受付出劳动、承受压力、收获荣誉的过程，让自己变得更优秀。而在竞争激烈的技能竞赛中，要想获得荣誉也不是那么容易的，将技能竞赛与挫折教育相结合，学生在备赛过程中磨炼自己的意志，勇于克服困难，学会解决问题。

总之，职业技能竞赛搭建"追梦圆梦"舞台。职业技能竞赛是技术技能人才展示技能、切磋技艺的平台，是技能人才培养选拔的重要手段和途径。职业技能竞赛既能展现技能青年精益求精的技能水平和昂扬向上的精神面貌，也能促进广大技能人才重视技能、学习技能、提升技能。

3. 利用职业技能竞赛提升职业技能的路径

技能型劳动教育把技能竞赛打造成劳动教育的重要载体，在竞赛相关内容中融入劳动教育元素，突出劳动导向精神。

（1）参加"技能节"系列活动。开展师生技能竞赛是加强技能人才培养选拔的重要途径，也是弘扬"劳动光荣、技能宝贵、创造伟大"的时代风尚，营造"崇尚一技之长，不唯学历凭能力"的良好氛围，可以集中展示办学成果，引导全体师生学练技能。为了更好地激发学生的内在动力，不断提高学生的技能水平，学校可构建科学、完整的"技能磨砺体系"，每周开展技能量化达标活动，每学期开展技能水平测试，每年开展"面向人人"的师生技能比武活动，逐步形成包含"铸剑新星（生活劳动之星）、磨剑文星（田园劳动之星）、砺剑红星（技能劳动之星）、亮剑明星（创新创业劳动之星）、学剑功星（志愿劳动之星）"的五星技能评价机制，对学生课堂表现与技能水平进行立体评价，营造出"乐于学习专业技能，努力掌握专业技能"的学习氛围，培养学生"乐学、会学、巧学"的学习理念，让学生"劳有所得"，成长为身心素质优、专业技能优、文化基础优、职业素养优、发展潜力优的"五优"人才。

（2）以校内实训课为主要载体，积极参加"互联网+"创新创业大赛、全国数学建模大赛、职业技能大赛、创新创业大赛等各类比赛。以专业实训和各类竞赛为抓手，使学生的专业知识和技能得到进一步巩固拓展和应用，对职业岗位有更清晰和深入的认知。学校通过参加和举办技能大赛，引入企业的先进技术，强化"以服务为宗旨，以就业为导向"

模块五　投身劳动实践　提高劳动技能

的办学理念,实现人才培养与企业需求的无缝对接。因此,通过职业技能大赛可以实现职业学校学生与岗位的对接、与职业标准的对接,学生一出校门就能上岗,促进了学生就业。大三学生以创新创业、校外企业实习为主要劳育切入点。创新是社会发展的第一动力,高职院校大学生需增强社会责任感,注重专业知识与行业、社会的联系,注重运用新技术、新理念、新工艺,促进产业升级、技术革新,以创新创业就业锤炼高职学生的劳动意志品质,体验创业艰辛及劳动创造带来的社会认同感。

(3)开展劳动教育典型评选活动。依托"五一"国际劳动节主题活动、"劳动周"主题活动开展劳动教育典型评选活动和劳动技能、劳动成果展示等活动,同时选树一批优秀典型,对劳动表现突出的学生予以表扬,并作为评优评先的重要参考之一。加强对"五一劳动奖章"获得者、高技能人才、大国工匠的宣传力度,加强对知名校友、身边事例的跟踪报道,用优秀的事例感染学生,使其树立崇高的职业理想,强化学生的职业素养,培养学生干事创业的担当。

三、任务设计

任务 1　身边的感动——寻找最美劳动者

通过相机或手机拍摄、观察生活,开展"身边的感动——寻找最美劳动者"图片、短视频征集活动。充分展示本校劳动者昂扬向上的精神风貌,激励本专业师生辛勤劳动、热爱劳动、科学劳动,自觉为实现中华民族伟大复兴中国梦贡献智慧和力量。

(1)了解职业道德、职业精神、专业技能要求。

(2)学会根据不同的场景和拍摄效果需求,选用不同的光线、角度、距离、高度和构图模式。

(3)掌握主题摄影的基本方法。

(4)懂得尊重普通劳动者,珍惜他人劳动成果。

(5)学会在日常生活中寻找美、发现美、创造美、表达美。

注重展现本专业师生爱岗敬业、奋发向上、开拓进取的精神风貌，照片、短视频皆可，文案详细，均为原创。图片应为 JPG、JPEG、PNG 格式，最好横向拍摄，像素数较高，图片大小在 2 MB 以上，无水印；短视频要求：MP4 或 WMV 视频格式，分辨率为 1920dpi×1080dpi（dpi，dots per inch，每英寸像素点数。1 英寸 =2.54 cm），视频画面清晰无卡顿，无水印。

（1）观察身边的普通劳动者，找到拟拍摄的对象。

（2）撰写解说文字。

（3）拟好拍摄思路，与拟拍摄的对象做好拍摄前沟通及相关准备工作。

（4）选择合适的时间、地点、场景，完成拍摄。

（5）对拍摄的照片进行后期处理。

（6）将作品成品分享给被摄者，邀请被摄者评价。

（7）将作品成品分享给其他人，让更多人关注到这些"最美劳动者"。

（8）回顾整个过程，撰写劳动总结。

模块五　投身劳动实践　提高劳动技能

任务2　认知全国职业技能大赛

了解2023年全国职业技能大赛比赛项目涵盖多少个大项，多少个分赛项。其中，高职组有多少个专业大类，多少个大项（多少个分赛项）。详知本专业都有哪些技能竞赛项目并弄清楚每个赛项的规程和赛题。

（1）了解自己的行业、专业及未来岗位的水平测试标准，明白自己努力的方向。

（2）激发学习兴趣，提升职业能力。

（3）培养自身的职业精神及创新意识。

（1）检索并弄清大赛的赛项、规程和赛题。

（2）厘清自己行业、专业及未来岗位的水平测试标准。

（3）撰写演讲稿：假如明年自己参赛……

任务3　寻匠悟道——追梦世技赛　出彩新青年

党的二十大报告指出，要深入实施人才强国战略，"加快建设国家战略人才力量，努力培养造就更多大师、战略科学家、一流科技领军人才和创新团队、青年科技人才、卓越工程师、大国工匠、高技能人才"。搜索中国历届世界技能大赛冠军，了解其夺冠之路是如何铺就的。

活动目标

（1）了解冠军背后的努力与奋斗，明白劳动最光荣，技能是关键，激励学生练好技能建设国家。

（2）激发职业兴趣，树立正确的劳动观念，提升创新能力。

（3）唤醒创新意识，培养创新精神，涵养工匠精神。

（1）搜索并梳理历届冠军的相关信息。

（2）了解其成为冠军的历程。

（3）撰写体会与感想。

写实记录

主题四　参加社会服务提升社会技能

一、知识导航

二、主要内容

（一）达成目标

（1）知识目标：了解社会服务劳动的知识和社会调查、公益劳动、志愿服务的内容。

（2）能力目标：掌握社会调查、公益劳动、志愿服务的方法。

（3）素质目标：树立强烈的社会责任感和助人为乐、无私奉献的观念，培养不畏艰难、百折不挠、敢于担当的品质。

（二）内容概要

学生参加社会服务劳动可以提升自己，树立正确的世界观、人生观、价值观。通过社会服务劳动，学生能够丰富社会阅历，推动全面发展，从而提升自身的综合素质。

大学生是一个特殊的群体，作为社会成员，大学生具有较高的科学文化素质，有着比较强烈的社会责任感，有激情，有活力，强烈要求实现自我价值，是促进社会发展、文明传播的中坚力量。

1. 大学生社会服务的类型

大学生社会服务有社会调查、公益劳动、志愿服务三种类型。社会调查可以培养学生的社会调研能力，提升学生的社会实践水平，让学生在实践中得以锻炼和提升，实现学以致用，用以促学，学用相长。公益劳动顾名思义是服务于社会的有益的无偿的劳动，是指直接服务于公益事业、不取报酬的劳动。它是学校劳动技术教育和学生社会实践的内容。其目的是培养学生为人民服务、为公众谋利益的良好思想品德；推动学生接触社会，深入生活，参加各种社会实践，形成良好社会风尚。志愿工作是指任何人无偿地贡献个人的精力、时间，不求任何物质报酬，服务群众，促进社会进步而提供的服务，具有志愿性、无偿性、公益性和组织性四个基本特征。

2. 高职院校社会服务与培养职业能力的关系

职业能力是指人从事某种专业活动具体需要的能力，如自我学习和发展的能力、独立分析和解决问题的能力、交流和合作的能力、管理和完成任务的能力、获取与利用信息的能力、判断与决策能力、应急与应变能力、创新能力、组织协调能力、应对挫折的能力及心理调适能力等。职业能力是高职教育人才培养的核心目标，志愿服务活动作为高职院校学生拓展素质技能、丰富知识阅历、锤炼品性的重要课堂，能有效促进高职院校学生在社会实践中认识国情、了解社会、服务社会与提高职业能力。

（1）社会服务是高职院校学生体现自我价值的重要手段。随着社会的进步和高职院校学生自我参与意识的增强，他们渴望以积极的态度参与社会实践活动，尤其希望在社会服务中充分体现自我价值。大学生参与社会实践，获得客观真实的信息，从而形成正确的自我评价。开展贴近实际、贴近生活、融入社会的志愿服务，有助于加深大学生对社会的认识，磨砺大学生的思想品行，锤炼意志信念，培养高尚的品德和良好的心理素质，开阔视野，提高大学生的自主意识、参与意识、服务意识与责任意识。

（2）社会服务有助于提高高职学生的专业知识和技能水平。首先，参与社会服务活动是大学生提高社会实践能力的重要手段，为高职学生提供了学习和掌握专业知识的实践平台。高职学生广泛参与公益劳动、文化活动、社区建设，在为他人服务的同时，学习兴趣、探究热情与创新活力也得到了激发，在丰富生动的社会实践中，开阔眼界、增长见识，充分调动自主学习和刻苦钻研的积极性和主动性，培养了理论联系实际的能力。其次，社会服务也为学生提供了理论知识的实践场所，促使其在学习学科专业课程的基础上，在实践中验证书本知识和理论学说，亲身体验、主动探究，用专业的眼光去发现生活中的问题，不但能深化专业知识与理论知识的实践应用，也强化了学生对专业知识的理解，促进了专业技能水平的提高。因此，各种专业化的社会服务定期对志愿者开展专业技能培训，为他们创造尽可能多的实践机会，在很大程度上提升了他们的就业竞争力。

（3）社会服务是促进高职学生就业的重要手段。现如今用人单位招聘时不再只注重文凭的高低，他们也看重毕业生的专业知识与技能水平、学习能力、沟通协调能力和解决问题的基本能力。志愿服务为高职学生提供了可贵的实践经验，经过一系列的社会实践，大学生的动手实践能力、组织协调能力、社会交往能力、环境适应力、信息资源掌控力都得以提高。同时，在志愿服务中培养起来的社会责任意识与奉献精神对高职学生在今后工作中形成爱岗敬业的职业道德精神也大有益处。大学生的择业观念、心理素质、专业技能等都需要经过长时间训练和潜移默化的影响才能逐渐培养和提高，因此，高职院校应该系统地将就业能力的培养贯穿在三年学习生涯的整个过程中，让大学生在校学习期间就能感受到就业压力。

3. 加强高职院校社会服务工作与提高职业能力的建议

（1）加强社会服务与专业学习的对口度。高职院校志愿者活动以暑期"三下乡"活动为主要形式，但是与普通本科院校比起来，高职院校志愿服务范围窄、影响小，往往局限在校园及校园周边的学校和敬老院，而且活动形式比较单一，经常是大家一起在横幅上签个字就意味着活动的结束。另外，没有长期坚持的服务项目，通常都是短期的、机动的行为。对此，除了要合理安排时间外，高职院校也要努力争取社会资源，从数量和质量上努力为学生提供专业对口的社会服务，鼓励学生从事与自己职业发展相关的志愿服务项目，借助活动平台获得感性认识和实际工作经验，使学生在志愿服务中得到相关专业技能的发展。同时，努力推进大学生志愿服务专业化、课程化，使志愿服务活动成为重要的专业实训课，让学生学以致用，在实践中加速能力与素质拓展的课程化、职业化。

（2）完善社会服务日常培训与服务水平的提高。经过招募选拔出来的志愿者往往只具备完成社会服务活动的基本素质和条件，正式上岗之前，还必须对志愿者进行培训，培训是强化志愿者队伍素质的关键，强化素质也是志愿者队伍生存发展的必要条件。目前高职院校志愿服务活动的培训工作没有在时间上和内容上形成有效的工作机制，高职院校的教学具备志愿者培训的各种要素，如教学内容多元性和授课方式灵活性。在课程设置上，除了外语、体育、思想政治教育等基础课外，还应该有更大的课程比例用于开设技能训练课和专业选修课。授课形式除课堂教学外，还有实训课、探究课、专家讲座等多种形式，还应该在新生入学教育中结合该专业介绍进行志愿服务通识教育，要在校园内营造良好的社会舆论氛围，将志愿培训纳入高职教学体系。另外，高校应该多开展服务态度和服务技能的培训，在从事某一服务前一定要进行相关的技能知识培训，切实提高志愿者的专业服务水平，使志愿服务更加规范、更加专业、更能满足服务对象的需要，这样才能提高服务质量和效果，发挥大学生参与志愿服务的影响力。还应加强对学生的思想道德教育，增强其责任心和提升其服务意识，让志愿者把志愿服务内化为自身自觉的行为，才能把服务做到最好，促进社会服务的可持续发展。

（3）建立以促进职业能力与发展为导向的高职社会服务体系。高职社会服务活动应该进行分类管理和研究，从宣传动员、组织管理、培训指导、总结激励等方面加强工作机制，建设形成全面的科学体系，完善长效的机制。高职院校志愿服务应以学生为本全面推进素质教育，最大限度地激发学生潜能，培育学生综合素质，以促进学生成功就业和提高学生职业能力与发展为导向。职业能力要在实践中提高，这就要求高职院校必须通过多种渠道，搭建供学生实践的学习工作平台。一方面要创造条件建立校内实训基地；另一方面要采取类似于传媒学院与电视台共建的"前台后院"的教育模式。此外，还可建立校企联合办学体制，实现学校与企业的双向交流，学生定时、定点实习，形成稳固的校外实践教学基地与平台，使学生的理论学习与专业技能得到有效衔接，同时学生也可尽早地了解、熟悉工作中的各种关系，包括人际关系情况、职场环境，培养其解决实际问题的能力，使学生在毕业之际就能迅速地适应相关岗位的工作。

高职院校提升大学生的职业能力，应渗透在平时的专业学习中，开设相关专业的就业指导课程，帮助学生了解最新的就业信息、认清该行业就业形势、掌握基本的求职技巧，尽可能为学生创造社会实践的机会，鼓励学生积极投身社会实践，让他们从不同程度、不同层面参与社会实践，引导高职学生把专业学习与社会实践紧密结合起来，提高学生的综合素质。志愿服务以其丰富多彩的活动内容，为大学生提供了受教育、长才干、做贡献、增强社会责任感的舞台。实践证明，社会服务是高职院校有效的思想教育与素质拓展活动，高职学生通过参加一系列社会服务活动，丰富了人生阅历、积累了实践经验、提高了职业能力。

三、任务设计

任务1　助力乡村建设

利用节假日结合自身专业及擅长技能参加各地组织的乡村建设服务行动,如乡村环境现状调研、乡村环境美化等。

(1)了解乡村振兴战略,掌握乡村建设的方法。

(2)提高专业技能,积极参与助力乡村建设工作。

(3)提升独立思考能力和创新能力。

(4)树立扎根基层志愿服务意识,强化劳动精神,增强对美好生活的热爱。

(1)目标制订:了解乡村的生活环境、经济状况、人口情况、医疗卫生等方面的状况,根据自己的能力和专业来制订目标计划。

(2)积极参与:积极报名参加有关部门组织的各种活动,为乡村的振兴贡献自己的一份力量。

(3)合理建议:对乡村的基本情况有所了解,根据市场需求,以及当地的地形、地理、气候、人口等相关情况,积极地为乡村建设出谋划策,提供合理建议。

(4)下乡实干:加入乡村建设的行列,积极为村民营造良好的生活环境,提升村民的文化水平,发挥自己的专长,进行相关工作的指导与服务。

任务 2　敬老助残

选择校内外相关单位组织的敬老助残活动,主动参与志愿服务活动。提前学习和掌握敬老、助残的基本护理知识,科学有效地帮助特殊群体。注重特殊群体人员信息的保护,关注该群体的人身及心理需求。

(1)熟悉敬老助残服务者的职业道德及各项规章制度。

(2)了解老年人、残疾人的需求,能使用各种工具和设备进行精准服务。

(3)掌握分析社会问题的能力,为解决相关问题提出可操作方案。

(4)掌握社会服务知识和服务技能。

(5)树立强烈的社会责任感和助人为乐、无私奉献的观念。

(6)具备敢于担当的品质,弘扬中华优秀传统文化。

(1)选择正规的服务机构,切忌盲目提供个人相关信息。

(2)参加校内相关单位组织的服务,需提前购买外出保险。

(3)提前学习敬老助残服务者的职业道德及各项规章制度。

(4)注意活动开展过程中一切行动听指挥,保持通信设备的畅通。

(5)注意保护被服务者的个人隐私。

模块五　投身劳动实践　提高劳动技能

任务3　公益劳动与志愿服务

利用个人已有的日常生活劳动、生产劳动经验，选择1~2项具有一定挑战性的公益劳动与志愿服务项目进行实践。例如：以小组或班级为单位，在学校或社区建立移动书亭、物品捐赠资源共享站，以自己创造性的劳动服务更大范围的群体；参与科技馆、博物馆、纪念馆、植物园、动物园、流浪动物救助站等公共场所与社会机构的服务性劳动，担任讲解员、特定活动志愿者等；参与社区环境治理，进行社区公园环境优化、公共健身设施维护等。根据服务对象(包括个体和集体)的实际需要，确定公益劳动与志愿服务的形式、内容与过程，制订合理的服务性劳动方案并加以组织与实施。

（1）熟悉公益劳动与志愿服务的组织、实施过程，具有运用相关的劳动知识与技能服务他人、学校、社区的基本能力。经历服务性劳动的付出过程，理解个体劳动与学校、社区发展之间的直接关系，形成对学校、社区发展负责任的态度。

（2）提升以自己的劳动关心他人、服务他人的公共服务意识与社会责任感。

（3）养成精益求精、不断创新的劳动精神。

活动建议

（1）选择或设计具有一定综合性的公益劳动与志愿服务项目，突出服务性劳动的项目化、主题性、可持续性及社会影响力。

（2）将公益劳动、志愿服务和职业体验、生态教育等专题教育结合起来，主动发现学校、社区环境中存在的实际问题。

（3）主动帮助需要帮助的群体，如在特殊教育学校做课堂教学助理、学习伙伴等。

写实记录

模块六 涵养劳动情怀 培育劳动品质

主题一 树立吃苦耐劳意识

一、知识导航

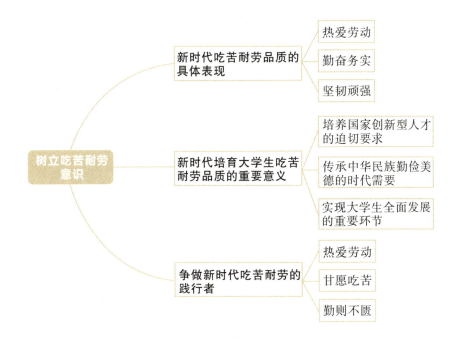

新时代劳动教育（高职版）

二、主要内容

（一）达成目标

（1）知识目标：了解吃苦耐劳的概念，勤劳在中华民族历史长河中的意义，辛勤劳动的时代价值，学习如何做新时代党的辛勤劳动实践者。

（2）能力目标：增强对辛勤劳动的理性认识，正确看待劳动是人们创造美好生活的源泉，并且能够描述劳动的基本概念等。

（3）素质目标：树立新时代劳动价值观，提升积极投身劳动的自觉性与坚定性。

（二）内容概要

1. 新时代吃苦耐劳品质的具体表现

1）热爱劳动

一个人是否热爱劳动影响着他的精神面貌和价值取向。热爱劳动能驱动人们在劳动实践中激活求真、向善、臻美的本质力量。随着当代技术、工具的加速普及，物质消费主义盛行，人在物质层面获得满足更加容易了，但在精神、情绪、情感层面很难得到满足。部分人劳动情感淡漠，劳动态度消极，缺乏劳动概念，不仅不愿劳动，甚至鄙视劳动。因此，新时代吃苦耐劳强调劳动精神的内在本体价值和个性价值，关注个体劳动情感的聚焦整合和劳动态度的锤炼升华，促使个体在劳动中能够主动、自觉地参与劳动过程和保持积极乐观的劳动情感及饱满的精神状态，并注重将主观精神状态运用于改造客观世界的实践活动中。

2）勤奋务实

勤奋务实的劳动作风不仅是中华民族的传统美德和中华文化的精髓，也是新时代吃苦耐劳的现实要求和具体表现。随着现代化的推进和市场经济的发展，中国人从"站起来"逐渐变成了"富起来"，整个社会的生存条件、生活条件和发展条件都得到了极大的改善，科学技术飞速发展，各种极为便利的新科技、新技术、新工具等广泛应用于人们的日常生活和生产实践，由此大大减轻了人们实践活动的困难程度、艰难程度和劳动强度。

3）坚韧顽强

坚韧顽强是新时代吃苦耐劳的重要内涵，也是新时代吃苦耐劳的题中之义。如何看待挫折、战胜挫折成为新时代吃苦耐劳精神培育需要思索的重要问题。习近平总书记指出：

模块六　涵养劳动情怀　培育劳动品质

"青年要把艰苦环境作为磨炼自己的机遇，把小事当作大事干，一步一个脚印往前走。"我们不仅要在参与社会主义现代化建设中出出力、流流汗，而且还要在实践中以鼓足干劲、力争上游的忘我拼搏精神乘势而上；以时不我待的紧迫感御风奋进；以百折不挠、全力以赴的坚韧精神奋勇搏击，形成敢于吃苦、能够吃苦、善于吃苦的劳动意志，铸就强大的受挫能力和百折不挠的坚韧品质，进而在困难面前打不垮、压不弯、折不断，用实际行动彰显时代新人坚韧顽强的可贵精神。

2. 新时代培育大学生吃苦耐劳品质的重要意义

1）培养国家创新型人才的迫切要求

在"大众创新，万众创业"的时代背景下，科技创新对我国来说，不仅关乎发展，更关乎生存，而人才是科技发展的根本和科技创新的关键。然而，有相当一部分大学生在劳动实践的过程中，只会对劳动形式进行简单的移植，自主判断能力弱，盲目崇拜权威，对真理缺少质疑和审视，习惯性地接受现成知识，缺乏独立思考和创新性思维能力，很难进行深层次的挖掘和自主探究。因此，培育大学生的吃苦耐劳品质能够促进大学生对劳动工具的改造和对劳动方式的思考，产生思维的碰撞，形成创新意识，提高创新能力，消除观念中生搬硬套的思想，进而使他们把个人理想追求同国家、民族的命运结合起来，从中感受自身与时代脉搏的互动，形成正确的劳动价值观、吃苦观。

2）传承中华民族勤俭美德的时代需要

大学生阶段是人生的"拔苗孕穗期"，对大学生进行吃苦耐劳品质培育有利于培养大学生热爱劳动、珍惜劳动成果的勤俭节约意识，提高大学生对中华民族勤俭美德的认同感，这既是劳动教育的本质使命，也是吃苦耐劳品质培育工作的重要要求。在社会主义市场经济背景下成长起来的大学生与前辈有着明显的不同。他们不会劳动、不愿意吃苦的现象越发普遍，部分大学生甚至出现了厌恶劳动、不尊重劳动成果的心理和行为。在他们的观念中，浪费一些食物似乎不值多少钱，不足为道，人活着就是为了吃喝玩乐，追求物质享受。因此，只有对大学生开展全面系统的吃苦耐劳品质培育，才能让大学生在参与劳动的过程中体验劳动的幸福感、光荣感、崇高感，并产生尊重普通劳动者和珍惜劳动成果的情怀。

3）实现大学生全面发展的重要环节

《中共中央 国务院关于全面加强新时代大中小学劳动教育的意见》明确提到："劳动教育是国民教育体系的重要内容，是学生成长的必要途径，具有树德、增智、强体、育美的综合育人价值。"可见，培养大学生的吃苦耐劳品质是促进大学生全面发展的必要途径。

首先，培养大学生的吃苦耐劳品质，有利于塑造大学生的美好品德，让大学生知道什么可为、什么不可为的道德准则，明白吃苦耐劳的时代价值及必要性，懂得劳动的真与假、善与恶、美与丑之间的界限，成为胸怀大爱、心系大德的人。其次，培育大学生的吃苦耐劳精神有利于提高大学生的智力。随着知识经济时代的到来，创新思维的培养显得尤为重要，培育大学生的吃苦耐劳品质可以更好地帮助大学生进一步追求真理、体悟道理、明辨事理，在劳动的过程中不断扩展见识、增进学识，实现以劳创新、以劳增智。最后，培育大学生的吃苦耐劳品质有利于大学生树立劳动美育观。吃苦耐劳品质培育有利于培养大学生发现美的眼睛、欣赏美的情感、创造美的能力，让他们在参与劳动的实践中感受到劳动的过程之美、结果之美，并以此进一步提升他们的审美能力和人文素养，体验劳动所带来的尊严感、幸福感和价值感。

3. 争做新时代吃苦耐劳的践行者

1）热爱劳动

热爱劳动是非常可贵的个性品质，是创造社会财富、推动社会发展进步的内生动力。当农民们脸上露出丰收的喜悦时，当工人们在生产竞赛中顺利完成生产任务时，当科学家取得新的重大科技突破时，当我们在各自平凡的工作岗位上成绩突出、受到表彰鼓励时，所有这些辉煌的劳动成就让我们感到光荣而自豪，证实着我们平凡中的伟大。

2）甘愿吃苦

劳动消耗人的体力和脑力，劳动的过程无疑是辛苦的，有时或许还是痛苦的，但没有当下这个吃苦的过程，生活就会一直苦下去，而且越来越苦。正如歌曲里所唱："不经历风雨，怎么见彩虹？"劳动是为追求美好生活所进行的付出，苦中带着甜；劳动是为实现人生价值所做出的努力，越主动越可贵。当代大学生不管是在家务劳动，还是在专业技能实践中都应该学会吃苦，在吃苦中感受劳动带来的快乐。

3）勤则不匮

吃苦耐劳品质首先要求我们铭记"人生在勤，勤则不匮"。一是勤可立志，志存当高远。古有司马迁发愤著书，文天祥舍生取义，今有高凤林"发动机焊接第一人"。只有勤奋、高远的志向才能立得住、存得远；只有勤奋、高远的志向才能逐步实现。二是勤可补拙，只有经过长期不懈的努力，才能取得一些成绩。京剧表演艺术家梅兰芳通过勤学苦练，锻炼了一双熠熠生辉、脉脉含情的眼睛，弥补了天生眼睛呆滞的缺陷。贝多芬在双耳完全失聪后，仍然完成了举世瞩目的《第九交响曲》。只有相信"一分辛苦一分才"，才能克服缺陷，走在前面。

三、任务设计

任务 1　活动记录：劳动者的一天

观察一位劳动者的劳动过程，认识并理解吃苦耐劳的优秀品质。

请以时间为轴，观察记录与你专业相关的某个优秀劳动者一天的劳动过程。

_____ 一天的辛勤劳动观察记录

工作时间	工作环节	工作内容
_____ 的感言：		
我的感触：		

结合实际选择一位劳动者，仔细观察其劳动过程，记录全过程，认真填写记录表。

写实记录

任务2 劳动感悟：说说你的感触

（1）从一系列真实事件中了解平凡人物的时代精神。

（2）阅读了解这些真实事件，从中理解辛勤劳动的时代内涵。

广泛搜集相关真实事例，并认真阅读、深刻理解。

写实记录

任务3　劳动体验：组织一次劳动活动

学习组织策划劳动活动，在劳动策划过程中体验辛勤劳动。

请结合你所学的专业，组织一次劳动活动，具体要求如下：

（1）严格按照规范进行动手操作。

（2）与同学分享交流劳动感悟。

（3）将劳动过程中的所思所感记录下来。

项　目	内　容
参加人员及分工	
时间	
地点	
过程记录（文字、图片或视频）	
劳动反馈	
劳动中承担的任务	
是否全力以赴完成了自己的劳动任务？发现他人需要帮助之时，是否积极主动地给予帮助？	
你认为劳动辛苦吗？遇到困难是如何解决的？	

续表

项　目	内　容
在劳动中你有收获吗？劳动给你带来最大的快乐感是什么？	
通过这次劳动体验，你对辛勤劳动有了哪些新的认识和理解？给你带来最大的劳动感悟是什么？	

写实记录

主题二　铸就团结协作精神

一、知识导航

二、主要内容

（一）达成目标

（1）知识目标：了解团结协作的概念和具体内涵，认识团结协作在劳动实践中的具体表现，理解当代大学生在劳动实践中团结协作的重要意义。

（2）能力目标：掌握在劳动实践中团结协作的方式，学会和同学们团结起来，共同完成劳动任务。

（3）素质目标：懂得团结协作在劳动实践中的时代价值，学会和他人团结协作，共同参与劳动实践。

（二）内容概要

1.团结协作开展劳动实践的内涵

纵观古今，合作共赢是大势所趋，而内斗必然导致失败。团结精神是长时间以来人们不断总结出的抽象精神。人类的活动是群体活动，具有社会性，因此集体行动是主要活动方式，人们在集体行动中慢慢形成集群的凝聚力，发展成为团结精神。在中国谚语中，有很多关于团结协作的谚语。如"人心齐，泰山移""单丝不成线，孤木不成林"等，这样具有相同意义的说法贯穿中国东西南北。

2. 团结协作在劳动实践中的具体表现

（1）相互信任。大学生在劳动实践中团结协作完成一项劳动任务的前提是团队成员之间能够保持信任，只有保持团队成员之间的高度信任，才能建立起团队协作的意识，这种信任对于高质量完成一项劳动任务，增强大家的凝聚力非常重要。

（2）主动积极。在劳动实践中，团结协作的首要表现是团队队员具有积极主动的心态，积极地与队友们共同进行劳动实践。在劳动准备环节，能够积极主动地与队友们共同思考劳动实践思路，策划制订劳动实施方案，做好各项任务准备；在劳动实施环节，能够与队友们一起开展行动，针对遇到的困难，能够一起解决；在劳动完成环节，能够与队友们一起反思劳动活动中存在的不足，进而思考如何在后面的劳动中加以改进。

（3）合作配合。当代大学生团结协作开展劳动实践，保持积极主动的心态是基础，相互信任是前提，但是并不意味着有了这两个要素，就能够顺利进行劳动操作，还必须要在实际操作中保持合作配合，这也是促使整个劳动流畅进行的关键所在。这种合作配合主要是在劳动开展环节，也就是实际操作环节，比如共同制作一个零件，共同完成一个计算机编程，共同完成一项专业技术实操等。

3. 劳动实践中团结协作的重要意义

团结协作对于推动劳动实践顺利开展和增强学生之间的凝聚力具有重要意义。

一是有助于提升劳动效能。团结协作在劳动实践中发挥着非常重要的作用，是保障劳动任务顺利进行的关键所在。因此，要引导大学生在劳动实践中注重团结协作，在劳动任务中树立"人多力量大"的意识，促进大家在实际操作中分工协作、合作配合完成劳动任务，进而推动劳动任务顺利完成，有效提升劳动效能。

二是增强学生之间的凝聚力和向心力。以团结协作的方式开展劳动实践不仅能够有效推动劳动任务完成，而且能够让学生在整个劳动过程中充分感受团结协作的重要作用，也可以促使学生在合作过程中加深彼此之间的认识，从而在具体操作中增加信任感，增强凝聚力和向心力。

4. 争做团结协作共同参与劳动实践的示范者

团结协作对于帮助大学生开展各种劳动实践具有重要意义，因此，每位大学生都应该

模块六　涵养劳动情怀　培育劳动品质

提升团结协作意识，学会团结协作，争做团结协作参与劳动实践的示范者。

（1）提升主动参与意识。在理想状态下，大学生在劳动实践中应该相互信任、相互配合，共同参与劳动任务，但是在现实情况下，很多学生在平时的学习与生活中缺乏有效沟通，相互之间不信任，相互猜忌，甚至互相诋毁。这些现象在很大程度上会对学生之间的良好友谊造成较大威胁，因此要学会理解、学会沟通，提升自我主动参与意识，学会与同学们一起主动积极地参与劳动实践。

（2）学会相互配合协作。只具备主动参与、相互配合的意识是远远不够的，还要在劳动活动中加以实践，因此，当代大学生应该学会在劳动准备环节与同学们一起策划制订劳动实施方案，主动在劳动开展环节和大家一起共同完成劳动任务，协作配合完成任务后续的各种事情。

（3）共同应对挑战困难。在劳动任务开展的过程中，由于劳动本身的难度以及各种条件的不成熟，可能会遇到各种困难与挑战，在这种挑战面前，同学们应有团结协作的意识，一起分析问题，指出原因所在，提出解决问题的措施，从而一起推动问题的解决。

三、任务设计

任务1　认识团结协作给我带来了什么

（1）从历史故事中认识团结协作对个人和国家的意义。
（2）通过学习历史上的故事，学会与同学们一起团结劳动。

案例1　战国时赵国蔺相如奉命出使秦国，不辱使命，完璧归赵，所以被封了上大夫；又陪同赵王赴秦王设下的渑池会，使赵王免受秦王侮辱。赵王为表彰蔺相如的功劳，封蔺相如为上卿。老将廉颇认为自己战无不胜，攻无不克，蔺相如只不过是一介文弱书生，只有口舌之功却比他官大，对此心中很是不服，所以屡次对人说："以后让我见了他，必定会羞辱他。"蔺相如知道此事后以国家大事为重，请病假不上朝，尽量不与他相见。后来廉颇得知蔺相如此举完全是以国家大事为重，向蔺相如负荆请罪。

案例2 两千多年前楚汉相争,项羽勇猛无比,力大能拔山,然而最终得天下的,不是项羽,而是刘邦。因为刘邦网罗了很多人才,组成了一个人才济济的智囊团。

你从案例1和案例2中分别学到了什么?

任务2　学会团结协作

和同学们一起组织一次专业服务活动,在活动过程中,与团队成员逐步建立信任,从而学会与大家一起团结协作。

请以5人为一组,利用我们所学的专业知识与技能,与团队成员一起在校园或为周边社区提供一次专业服务,并与同学们一起写出此次劳动活动的事前策划、事中观察和事后反思。

模块六　涵养劳动情怀　培育劳动品质

项　目	内　容
活动名称	
事前策划	
事中观察	
事后反思	

任务3　如何团结协作

阅读小故事，从中获得启发，举一反三，学会与大家共同参与劳动实践。

三只老鼠同去一个很深的油缸偷油喝，够不到油喝的它们想了一个办法，就是一只老鼠咬着另一只老鼠的尾巴，吊下缸底去喝油，大家轮流喝，有福同享。

第一只老鼠最先吊下去喝油，它想："油就这么多，大家轮流喝一点儿也不过瘾，今天算我运气好，干脆自己跳下去喝个饱。"夹在中间的老鼠想："下面的油没多少，万一让第一只老鼠喝光了，那我怎么办？我看还是把它放了，自己跳下去喝个痛快！"第三只老鼠也暗自嘀咕："油那么少，等它们两个吃饱喝足，哪里还有我的份儿？倒不如趁这个时候把它们放了，自己跳到缸底饱喝一顿。"

于是，第二只老鼠狠心地放开第一只老鼠的尾巴，第三只老鼠也迅速放开第二只老鼠的尾巴，它们争先恐后地跳进缸里。最后，三只老鼠都淹死在油缸里了。

请同学们阅读上述案例，思考如何让三只老鼠都能喝到油，并写下自己的感悟。

四、拓展阅读

蚂蚁的力量

在南美洲的草原上，发生过这样一件惊心动魄的事。一个秋日的下午，一片临河的草丛燃起火，顺着风游走的火舌像一条红色的项链，向草丛中央一个小小的丘陵包围过来。丘陵上的蚂蚁被逼得连连后退，它们似乎除了葬身火海已别无选择。但是就在这时，出乎意料的情形出现了，只见蚂蚁们迅速聚拢，抱成一团，滚作一个黑色的"蚁球"冲出火海。烈火将外层的蚂蚁烧得噼啪作响，然而，"蚁球"越滚越快，终于穿过火海，冲进小河。河水把"蚁球"卷向岸边，使大多数蚂蚁绝处逢生。这个故事告诉我们一个道理：团结就是力量，只有团结起来才能化险为夷、战胜困难。

主题三　争做诚实劳动楷模

一、知识导航

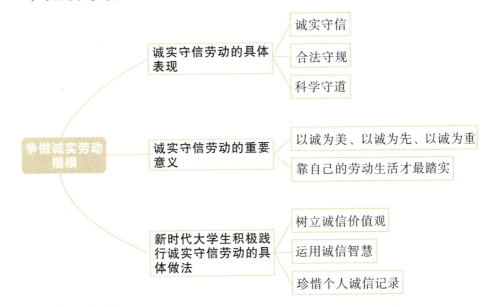

二、主要内容

（一）达成目标

（1）知识目标：了解诚实守信的基本含义，理解诚实守信与劳动之间的逻辑关系，懂得在劳动实践中注重诚实守信的重要意义。

（2）能力目标：能够在劳动实践中主动积极做到诚实守信，进而在未来的职业工作中做到诚实守信。

（3）素质目标：在劳动实践中始终牢固树立诚实守信的意识，提高劳动实践的实效性。

（二）内容概要

诚实守信是中华民族的传统美德，也是中华文明的重要组成部分。"诚者，天之道也；诚之者，人之道也。"劳动和诚实守信是不可分割的，人世间的美好梦想，只有通过诚实劳动才能实现；发展中的各种难题，只有通过诚实劳动才能破解；生命里的辉煌，只有通过诚实劳动才能铸就。我们崇尚劳动、尊重劳动，更要正确地付出劳动、从事劳动。以诚为先、以诚为重、以诚为美，这才是劳动应有之义。

劳动固然重要，但更重要的是，以什么样的态度和方式劳动。社会发展到今天，在方方面面都呈现出多元化、多样性的特点，包括人们的思想和文化。诚实守信劳动是我们积极倡导和弘扬的。诚实守信劳动就是要学会对"透支信誉劳动"的行为勇敢地说"不"，在日常的劳动实践中不欺骗、不隐瞒，遵守信用。

1. 诚实守信劳动的具体表现

1）诚实守信

劳动创造财富，劳动者就是最大的财富，而这笔财富能否持续增值，关键在于每一位劳动者是否珍惜他的宝贵信誉。加强劳动品德培育，既要"坐而论道"，也要"起而践行"，更要"行而有信"。结合诚实守信劳动的内涵，不难发现，诚实劳动、合法守规、科学守道是诚实守信劳动在实践中的具体表现。

进入新时代，诚信已经成为社会主义核心价值观在公民个人层面的价值目标之一。从普遍意义上来讲，忠于职守首先要诚实劳动，要求人们在劳动过程中尊重客观事实，不作假、不欺骗、不投机、不耍滑；克己奉公的重点是信守承诺，要求人们遵守诺言、信守契约精神，以个体行为约束共同维护集体荣誉形象；服务人民的前提是诚恳待人，为人处世实实在在、坦坦荡荡，不欺人亦不自欺。

2）合法守规

信用关系是人与人合作发展的基本关系，信用关系的建立需要法律和道德的共同作用。对于产品和服务的经营者来说，合法守规更是一道安全网。比如，遵守工作场所中职业健康相关法规，保护职工安全，消除安全隐患，避免发生工作危害事件。对于劳动者而言，令人尊敬的劳动品德也来自自我克制和自我控制，遵从内心追求真善美的呼唤。遵守国法行规同样是劳动品德的要求，比如不违背职业伦理，不把法律上对劳动者的一些特殊保护作为自身短期行为的"避风港"，不违反竞业限制与保密义务。

模块六 涵养劳动情怀 培育劳动品质

3）科学守道

一切劳动行为都要尊重科学，遵守行规，偏离科学或行规的劳动往往是低效或者无效劳动，违背科学的劳动创新甚至内含巨大的破坏力，而符合科学规律的劳动则能够更加有效地提升劳动的价值。社会发展基本规律的具体形式是劳动方式与科学技术相互作用的规律。劳动和效率及价值的提高也有其内在规律，卫生设施和服务的改善可增强劳动者的身体素质；接受学校教育可提高劳动者的理论素质和技能素质，促使劳动者更好地运用现有的技术，更容易开发新的方法；合理分配时间，避免过度劳动，也可以提高劳动效率。另外，在现代社会的生产方式下，人们的心理压力有所增加，焦虑、抑郁现象时有发生，这提醒我们应关注劳动者的心理健康，建立有效缓解劳动者心理疾病的机制。

2. 诚实守信劳动的重要意义

1）以诚为美、以诚为先、以诚为重

中华人民共和国成立以来，涌现出了一批被历史所铭记的实干家：有生前两次赴藏，为西藏的建设、发展和稳定做出突出贡献的孔繁森；有在邮政事业战线上兢兢业业、任劳任怨，表现出坚定信念和追求的王顺友；还有"铁人"王进喜、"两弹元勋"邓稼先、"白衣圣人"吴登云、"杂交水稻之父"袁隆平……这些响当当的时代劳模，都是诚实劳动的代表。建筑工地上挥洒汗水的工人，田野里辛勤耕种的农民，严寒酷暑下指挥交通的警察，三尺讲台上讲授知识的教师，埋首实验室苦心钻研的科学家……新中国七十余年的辉煌成就，就是他们用诚实的劳动铸就的；共和国的坚实大厦，是他们一砖一瓦砌成的。没有诚实的劳动，就没有创新创造；没有诚实的劳动，就没有我们今天的幸福生活。诚实劳动，是创造"中国奇迹"的源泉和动力，是迎接挑战、战胜困难的法宝利器，是焕发劳动热情和创新活力的基础，是走向幸福生活的必由之路。

2）靠自己的劳动生活才最踏实

"空谈误国，实干兴邦"，实干首先就要脚踏实地地劳动。1985年，海尔集团创始人张瑞敏收到一封用户来信，信里说厂里电冰箱的质量有问题。张瑞敏立刻带人检查了仓库，发现仓库里的400多台冰箱竟然有76台不合格。有人说，冰箱只是外部划伤，便宜点儿卖给工人。那时候，一块钱能买十斤白菜，一斤多花生油，六两猪肉。一台冰箱两千多元，是一个工人三年多的工资。张瑞敏却在全体员工大会上宣布，要把这76台不合格的冰箱全部砸掉，而且要生产冰箱的人亲自砸。张瑞敏说："过去大家没有质量意识，所以出了这起质量事故。这是我的责任。这次我的工资全部扣掉，一分不拿。今后再出

现质量问题就是你们的责任,谁出质量问题就扣谁的工资。"海尔砸冰箱这件事,砸的不仅仅是冰箱,还是旧的思想、观念,赢得了客户的信任,造就了知名品牌。可见,只有不断挑战自己,才能不断创新发展。任何时代,社会财富的增长都主要来源于诚实劳动。每个诚实劳动的人都应该受到尊敬,每个踏实做人的人都应该得到尊重。

3. 新时代大学生积极践行诚实守信劳动的具体做法

新时代大学生作为社会主义事业的建设者和接班人,应践行诚实劳动。比如,坚守诚信,不失信于人,不弄虚作假,诚实应考不作弊,求职简历不掺水等。

1)树立诚信价值观

在当代中国,诚信为公民践行社会主义核心价值观提供道德支撑。《关于培育和践行社会主义核心价值观的意见》指出:"广泛开展道德实践活动。以诚信建设为重点,加强社会公德、职业道德、家庭美德、个人品德教育,形成修身律己、崇德向善、礼让宽容的道德风尚。"培育诚信价值观可以不断增强公民的价值判断力和道德责任感,可以使公民正确辨别真善美、假恶丑,树立远大的理想信念,把握住人生的正确方向。"中国十大最美快递员"张锦、身残志不残努力奋斗十三年终于还清为父治病欠下的20万元债务的全国道德模范冯计编、"冒雨还债的九旬奶奶"孙杏宝、刮碰宝马后勇于担责的中学生陈奕帆,都用行动诠释了何谓诚信。

2)运用诚信智慧

《庄子·盗跖》中有一个非常著名的尾生抱柱的故事,相传尾生与女子约定在桥梁相会,久候女子不到,水涨,乃抱桥柱而死。后用以比喻坚守信约,但大家并不赞同尾生的行为。原因就在于尾生不考虑实际情况,固执僵化片面地讲诚信。社会生活是复杂多样的,一定要根据实际情况做出判断。

3)珍惜个人诚信记录

最近几年,针对个人的诚信体系和针对整个社会的信用体系逐步受到高度重视,针对个人守信行为的激励机制和失信行为的惩戒机制也不断得以完善,形成了守信者处处受益、失信者处处受限的良好局面。对于我们大学生而言,更要十分珍惜自己的诚信记录。因此,我们应从考试不作弊、说到做到、有借有还等点滴小事做起,为建设诚信社会作出自己的贡献。

三、任务设计

任务1　撰写一份"诚信经营"倡议书

通过撰写诚信经营倡议书，帮助在校大学生在日常学习、工作和生活中学会诚信，与他人真诚相处。

诚实是劳动者的基本品格，"诚实劳动"的本质特征是自觉的工匠精神。我们在工作中，要将诚实渗透其中，唯有如此，方能体现劳动的价值。

20世纪八九十年代，中宣部、原国内贸易部曾在全国范围内共同发起了"百城万店无假货"活动。1983年，国际消费者联盟组织把每年的3月15日定为国际消费者权益日。中国消费者协会从1997年起，通过每年确定一个主题的方式，开展"年主题"活动，不断传播"以真诚赢得信誉、用信誉保证效益"的经营理念。

假如你是一位经营者，请写一份开展"诚信经营"的倡议书。

写实记录

任务 2　开展一次诚信劳动实践调查

活动目标

和身边的同学共同开展一次诚信劳动实践调查，认真观察商家在商品交易中的行为过程，学会与不正当买卖行为做斗争，进而运用自己的所学，为优化商品经营环境建言献策。

活动任务

请和身边的同学们在学校周边开展一次以"诚信买卖"为主题的实践活动，观察商家在商品经营中是否存在不诚信行为，提出改进建议，并以此为基础撰写一份调查报告。

写实记录

模块六　涵养劳动情怀　培育劳动品质

任务3　"诚信"故事收集展示

收集"诚信"故事，展示诚信作品，在潜移默化中增强诚信意识。

（1）在互联网上收集与诚信有关的故事或典故。

（2）和身边的同学一起协商，结合收集实际，从某个角度对收集到的故事或典故进行分类汇总。

（3）在全校发布活动展示通知，鼓励动员其他同学踊跃参加作品创作。

（4）对收集到的作品进行筛选并展示。

请以"诚实劳动"为主题在互联网上收集相关的故事或典故，并按照一定的分类标准进行梳理汇总，继而采取书画、美术、散文等多种形式在校内进行展示。

主题四　推进创新劳动实践

一、知识导航

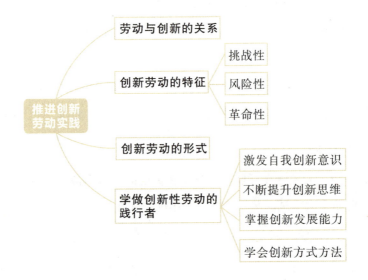

二、主要内容

（一）达成目标

（1）知识目标：认识劳动与创新之间的关系，从两者之间的关系中深刻理解创新性劳动的内涵，了解创新性劳动的特征和形式。

（2）能力目标：学会在日常学习工作和职业技能实践中探索开展创新性劳动。

（3）素质目标：懂得创新性劳动对于推进制造强国和实现中国式现代化的重要意义，树立正确的劳动价值观。

（二）内容概要

1. 劳动与创新的关系

古往今来，勤劳的人们在日常的劳动中不断认知与实践，无论是田间地头随处可见的耕犁、水车，还是新时代网民津津乐道的高铁、网购，都是人们在生产生活中面对困难，通过劳动解决问题，实现创新与创业的鲜活案例。劳动与创新关系的主要体现：

第一，劳动是创新的主要资源和核心动力。劳动作为人类生存和发展的基础，是生产物质资料的过程，工业经济时代资源的有限性与经济社会发展需求的无限性之间一直存在着日益尖锐的根本矛盾。解决这一矛盾的最佳选择就是劳动创新，特别是科技劳动创新。劳动创新可以通过知识实现以富有资源替代短缺资源、以可再生资源替代非可再生资源，逐步实现对物质资源和能源的节约化和循环化。

第二，劳动是创新成果价值追求和财富分配的依据。现今的知识经济时代，人们对社会价值的追求主要集中在知识上，知识的占有和创新是关键，"按劳分配"的"劳"，不再是非知识性劳动和重复劳动的贡献，而是包括知识创新在内的知识性劳动的贡献；"按要素分配"的"要素"，也不再是资本和物质要素，而是包括科技、文化等在内的知识要素。

第三，劳动是创新人才成长和发展的依托。无论是农业经济、工业经济还是知识经济的发展都离不开人力资本和创新人才。智力和高新科技产业，必须依靠创新人才，特别是实践创新人才。经过劳动实践而成长起来的创新人才已成为各个国家、各个企业之间竞争的焦点。

2. 创新劳动的特征

1）挑战性

创新就意味着挑战。无论是创新的开始，还是创新的过程及创新的结果，都将充满挑战性。同时，劳动者要完成一定的创新，无论是在思想、观念、理论上创新，还是在知识、手段、实践上创新，都具有挑战性。

2）风险性

如果创新意味着挑战，挑战意味着风险，那么创新也意味着风险。作为创新劳动者，不仅要具有敢于挑战的品格，而且还要具有勇担风险、善经失败的胆识和接受挫折、承受打击的心理空间。

3）革命性

创新劳动，不仅具有挑战性和风险性，还具有比挑战性、风险性更为重要的革命性。

新时代劳动教育（高职版）

从挑战性到风险性再到革命性，贯穿于创新劳动的整个过程。对于创新劳动来说，若没有革命性，其挑战性、风险性就失去了最终目的和实际价值，也就不会是真正的创新劳动。

这些特征，揭示了尊重和推崇创新性劳动的原因，创新性劳动就是要激发亿万劳动者的创新自觉与活力，把蕴藏在工人阶级和广大劳动群众中的无穷创新创造活力激发出来。高职院校要加强劳动教育和创新创业教育，加快完善创新激励政策，营造鼓励大学生创新的校园文化，为那些想创新、能创新的大学生提供更多样的机会和更广阔的舞台，推动实现"人人皆可创新，创新惠及人人"。

3. 创新劳动的形式

创新劳动的形式包括原生性创新劳动（或完全性创新劳动）和继发性创新劳动（或部分性创新劳动）。

原生性创新劳动是发现、发明和创造人类在质上完全尚未有的新使用价值的劳动。因为首次产生使用价值，故称之为原生性创新劳动。其成果往往是一种质上全新的使用价值，故又称为完全性创新劳动。

继发性创新劳动是发现、发明和创造人类在质上部分尚未有的新使用价值的劳动。它不是使用价值的首次产生，而是在已有创新劳动成果基础上的继续发现、发明和创造，所以称之为继发性创新劳动。其成果往往不是一种质上全新的使用价值，而只是一种质上部分新的使用价值，故又称为部分性创新劳动。古今中外，人们在政治、经济、军事和思想、科技、文化等方面对原有创新劳动成果进行的修正、改进、提高和补充、丰富、发展等，大体上都属于继发性创新劳动和继发性创新成果。

人类的第一件石器、第一把青铜工具、第一个铁制品武器、第一架蒸汽机、第一台发电机和电动机、第一部电子计算机，都是人类原生性创新劳动发现、发明和创造的成果，即原生性创新成果；在这一系列"第一"的基础上加以改进提高和发展的产品，则是人类继发性创新劳动发现、发明和创造的成果，即继发性创新成果。

4. 学做创新性劳动的开拓者

当今世界，科技进步日新月异，综合国力竞争日趋激烈，社会对大学生的整体素质，尤其是创新能力的要求在不断提高。当代高职生要不断提升创新意识和实践能力，将问题意识转换为实践探索的动力，大胆思考、主动实践。

1）激发自我创新意识

创新本身就是一种行为和过程，新时代的劳动者需要有主动发现问题、积极探求解决问题思路和方法的内在动力,这就是激发创新意识的过程。创新意识是创新思维和创新能力的前提,也是提升劳动价值的最初途径,有了创新意识才能启动创新思维,才会产生创新行为,才会有最终的创新结果产生。对问题的探索程度决定了问题解决可以达到的高度,也决定了整个过程中劳动的价值。作为新时代的高职院校学生,需要激发自己的探索兴趣,树立远大理想,以创新为己任,时刻审视自己、督促自己保持对事物的好奇心和对创新的积极性。

2)不断提升创新思维

创新思维是创造力的灵魂和核心。重视创新思维是中华民族的优良传统,只有具有创新思维的人才能在人群中脱颖而出。在劳动中,创新思维意味着突破原有思维模式、定势习惯,以独到的方式方法思考解决问题的新路径,促使思维转化。大学生要善于透过现象看本质,培养遇事能掌控全局的能力,以及全方位、立体化、多角度分析问题的能力,同时,结合思维训练方法,进行发散思维、抽象思维、立体思维、联想思维、灵感思维、逆向思维等方面的训练,让创新思维成为自己的学习习惯。

3)掌握创新发展能力

创新是战胜挑战、走出困境的唯一法则。新时代的劳动俨然不是单纯的体力劳动,更多的是知识和智慧的输出,这就对劳动者提出了更高的要求。创新能力包含了过硬的心理素质、扎实的理论知识、敏锐的洞察力及优秀的学习能力。创新能力是大学生的核心竞争力。高职院校在培养大学生创新能力的过程中,要注重培养学生勤于观察的能力,激发学生的好奇心,鼓励学生积极参加科研项目,夯实基础知识,培养科学的学习习惯和思考习惯。大学生则要全面提升自身综合素质,做到德智体美劳全面综合发展,积极实践,参与劳动,在实践中内化理论,在劳动中感悟生活,探索创新方法,积累创新经验,只有这样才能在竞争中取得优势,立于不败之地。

4)学会创新方式方法

创新并不是闭门造车,也不是漫无目的、毫无方向地随意尝试,它具有一定的方法和途径,也需要有科学的指导,在实践探索中发现事物本质和现实的冲突矛盾,进而走向成功。在探索创新的过程中,大学生首先需要有理论知识储备,扎实的理论基础是创新的基石,任何创新都需要遵循科学性,其次,要正确认识创新具有的阶段性,它不是瞬间的想法和灵感,而是一个蕴含科学逻辑的过程。在这个过程中,将伴随着创新工具和创新方法的运用,我们所能看到的创新结果便是创新的产物。当代大学生应该着眼于研究创新的过程，努力激发自己在创新过程中的潜能，创新过程比创新结果更为重要。

三、任务设计

任务1　感受创造性劳动

阅读现实生活中的真实事例，感受创新性劳动给人们的生活和社会发展带来的变化，进而充分认识创新的重大意义，激发自我创新意识。

郑培刚是某市职业学校2015级的学生。2016年1月，他正式注册教育科技有限公司，2018年他获得全国"最美中职生"称号。他与合作伙伴在学校和有关企业的帮助下，从两台购买的3D打印机到自主打印、切割和组装3D打印机，从校内打印和开发产品到辐射区域内各初中创新教育，他们一路狂奔，寻到了商机，看到了市场，认为这是一个有前景的创新教育产业。于是，他们确定公司的宗旨是服务中小学和家庭创新教育，小目标是为中小学和家庭教育提供教具、学具和相应服务，大目标是为中小学和家庭提供创新教育和课程。

为进一步助推公司发展，学校与其一起合作召开了产品发布会。会上，中小学科技辅导员、各企业代表在全身心体验蓝牙连接控制小车、自动避障小车、小型无人机、3D打印机、手电钻、阳台晾晒装置、空气净化装置、时尚钟表等科技产品之余，希望能尽快和公司合作。这种接地气的科技课程和相应的教具、学具正是中小学创新教育所需要的。

据悉，在发布会当天，一教育机构主动与郑培刚商谈小学生科技夏令营事项，18岁的郑培刚脸虽稚嫩，心却真诚，相信他的创新之路将越走越远。

（1）郑培刚能成功注册公司的主要原因是什么？

（2）郑培刚在职业道路上的奋斗劳动有怎样的特点？

模块六　涵养劳动情怀　培育劳动品质

写实记录

任务2　学会创造性劳动

活动目标

以实践调研的方式，让学生发现企业生产中的技术难题，尝试找到解决技术难题的办法，进而培养学生的逻辑思维和解决实际问题的能力。

活动任务

在工作中，我们需要改良和创新的东西有很多，关键是我们要有敏锐的眼睛、善思的大脑、灵巧的双手。请你结合所学专业，深入相关企业开展调研，完成以下两个任务：

（1）企业在生产工作过程中有哪些设备让你觉得操作起来不够方便？

（2）找到一个企业技术问题，结合专业知识，分析问题成因，提出解决策略，改良有关技术。

要解决的技术问题：

技术创新或改良方案：

写实记录

任务3　头脑风暴

如何在校园里培养创新素养和意识？

写实记录

模块七

弘扬劳动精神　传承传统美德

主题一　弘扬劳动精神——成为有素质的劳动者

一、知识导航

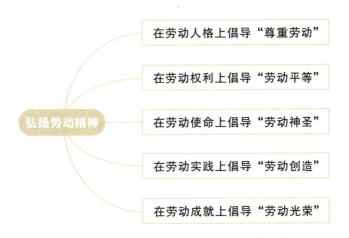

二、主要内容

（一）达成目标

（1）知识目标：掌握劳动精神的内涵及培育劳动精神的方法。

（2）能力目标：具有必备的劳动能力，学会正确使用日常劳动工具，在生活中体会劳动创造美好生活。

（3）素质目标：树立劳动最光荣、劳动最崇高、劳动最伟大、劳动最美丽的观念；自觉培养勤俭、奋斗、创新、奉献的劳动精神。

（二）内容概要

劳动精神是指崇尚劳动、热爱劳动、辛勤劳动、诚实劳动的精神。劳动精神是中国共产党人精神谱系的重要内容，是以爱国主义为核心的民族精神和以改革创新为核心的时代精神的生动体现，意蕴丰富，历久弥新。它是劳动者劳动意识、劳动理念、劳动态度、劳动习惯的集中展示。新时代的劳动精神有丰富的内涵，不仅在内容上继承并发展了马克思主义劳动观和中华民族传统优秀劳动观念，而且还彰显了"辛勤劳动、诚实劳动、创造性劳动"的新理念，倡导"劳动光荣、技能宝贵、创造伟大"的时代风尚，生成了一种"劳动者至上、劳动者平等、劳动者可敬、劳动最光荣、劳动最崇高、劳动最伟大、劳动最美丽"的劳动观。

（1）在劳动人格上倡导"尊重劳动"。"尊重劳动"是新时代劳动精神蕴含的核心要义。首先，尊重劳动是对每个人的道德要求。劳动不仅创造了世界和人本身，而且为推动社会进步提供了必备的物质基础，因此一切劳动都应当受到尊重。其次，尊重劳动者创造的价值。劳动者付出了劳动，为社会创造了物质和精神财富，有权利获得必要的回报，任何拖欠和克扣劳动者工资的行为都是剥削劳动者的行为，都是对劳动的不尊重。再次，维护劳动者的尊严。要合理安排劳动者的劳动时间，维护劳动者合法权益，保障劳动者合法权益不受侵犯，创设舒适安全的劳动环境，让劳动者心情舒畅，在工作中体会劳动的快乐和幸福。

（2）在劳动权利上倡导"劳动平等"。劳动是公民的基本权利，即任何劳动者在不影响他人的情况下都具有从事其想从事的劳动的权利，而劳动平等是维护劳动权利的基本条件和维护劳动尊严的基本保障。第一，强调人人享有平等的劳动机会，即所有的劳动者都能够有机会平等地参与劳动。第二，反对一切劳动歧视与偏见。在社会主义条件下，劳动没有高低贵贱之分，任何一份职业都很光荣；无论是体力劳动还是脑力劳动，都值得尊重和鼓励；一切创造，无论是个人创造还是集体创造，都值得尊重和鼓励。第三，强调人人都可以通过劳动作贡献。每个人的劳动不仅可以创造自身的幸福生活，而且可以为中国特色社会主义事业作出自己的贡献。

（3）在劳动使命上倡导"劳动神圣"。劳动具有光荣和神圣的意义。首先，劳动是宪法赋予的、不可剥夺的权利和义务。我国宪法规定："公民有劳动的权利和义务。"劳动一方面是公民依法"行使的权利"，另一方面也是公民依法"享受的利益"。其次，劳动是我们生存于世界的最为神圣的活动。劳动是人类生存和发展的最基本条件，是每一个现代人必备的基本素质或行为习惯。每个公民通过行使劳动权利，为社会提供产品和服务，也从社会获取报酬，发展自我。再次，劳动果实是圣洁的。劳动果实是诚实劳动、精诚合作的劳动结晶。

（4）在劳动实践上倡导"劳动创造"。新时代科学技术迅猛发展，弘扬劳动精神更加注重培养学生的实践性和创新性。首先，培养服务至上的敬业精神。新时代弘扬劳动精神强调劳动的实践体验性，注重融入性和探究性，强调直接经验而不是间接经验，在劳动中有效提升学生的动手能力、沟通合作能力及解决实际问题的能力，培养学生的职业道德，养成专业敬业的工匠精神。其次，培养精益求精的品质。新时代劳动精神的培养注重与技术相结合，以技术应用和技术创新为核心，紧跟现代技术的发展态势，教育引导青年学生在工作中精雕细琢、注重细节，把事情做到极致，为推动"质量强国"建设提供源源不断的动力。再次，培养追求卓越的创造精神。新时代劳动精神的培养与"创新驱动"的国家发展战略相结合，提倡"做中学""学中做"，注重创新意识的提升、创新思维的训练和创新能力的培养，鼓励学生不断追求卓越，进而在全社会弘扬"劳动光荣、技能宝贵、创造伟大"的劳动风尚。

（5）在劳动成就上倡导"劳动光荣"。在劳动成就上，新时代劳动精神倡导每个人通过自己的劳动，收获满足感、快乐感、尊严感，在创造丰富物质财富的同时，拥有丰盈的精神世界。从个人意义而言，一方面，个体可以通过劳动充分发挥自身的积极性与创造性，学会与人合作，追求个体幸福，享受劳动尊严；另一方面，通过劳动磨砺人的意志，培养勤俭节约、勤劳勇敢、艰苦奋斗、坚忍不拔等精神品质。从社会意义而言，劳动推动社会进步，让全社会的生活质量得以整体提升。通过劳动，人们用自己的辛勤汗水和努力奋斗为推动社会文明进步作出贡献，用自己的劳动成就书写平凡中的伟大，实现个人价值与社会价值的统一。

三、任务设计

任务1　身边的劳动模范人物故事会

收集自己身边的劳动模范人物故事，了解他们的事迹和劳模精神，提升自己的劳动素养。

建议课内实践45分钟。

（1）材料准备：走访不同行业的劳模，收集他们的事迹和工作感悟，并进行整理和记录。

（2）教具准备：PPT、讲稿、多媒体设备。

（1）教师指导学生进行分组及小组分工。

（2）收集自己身边不同行业的劳动模范人物故事，要有针对性地分组。

（3）小组成员分工合作对劳模事迹进行交流和提炼。

（4）进行组内试讲，思考如何向劳模学习，提升个人劳动素养。

（5）每个小组选派一名代表进行分享，以便其他组同学能了解更多的劳模故事，感悟劳模精神。

（6）教师进行分析、归纳、总结，并根据每组代表在分享过程中的表现，给予点评并打分。

模块七　弘扬劳动精神　传承传统美德

任务 2　弯腰行动

认识劳动是物质财富和精神财富的创造活动，认识劳动的作用，学会尊重普通劳动者和勤劳勇敢的人民，爱护人民创造的劳动果实，加深对劳动的认识，同时培养劳动意识。

建议课内 20 分钟。

（1）材料准备：准备可回收垃圾、厨余垃圾、有害垃圾和其他垃圾。

（2）教具准备：白纸、笔、多媒体设备。

（1）教师按照 4 种垃圾类别，将全体学生分成 4 个小组。

（2）讨论垃圾分类的重要性，分析不注重环保可能受到的影响，请小组代表分享文字、图片、演示文稿、视频等各种形式的素材。

（3）根据本小组负责的垃圾类别，对准备的垃圾进行正确分类。

（4）教师进行分析、归纳、总结，并评价每组代表在分享过程中的表现。教师引导学生更加清楚地认识"尊重劳动、尊重知识、尊重人才、尊重创造"，认识不论是体力劳动还是脑力劳动，不论是简单劳动还是复杂劳动，都是光荣的。

任务3　暑期社会实践策划方案

团队合作形成暑期社会实践策划方案。

建议30分钟。

（1）材料准备：利用网络收集暑期社会实践的相关资料并整理成文档。

（2）教具准备：白板、纸、笔等。

（1）提出问题：根据所学专业，若暑假组织社会实践，各小组认为可行的行业岗位有哪些？应如何策划开展暑假社会实践？

（2）教师将学生分为6~8人的小组，要求每组收集相关资料并经小组内部讨论后形成暑假社会实践策划方案。

（3）每个小组选出两名代表陈述本组策划方案，展示策划方案要点，小组其他成员也可做相应补充。

（4）教师对各组的策划方案进行分析、归纳、总结。

（5）教师根据各组在活动过程中的表现给予点评并打分。

四、拓展阅读

弘扬中华传统勤劳美德

勤劳是中华民族几千年贯彻始终的道德倡导。人类劳动发展分为奴役劳动、谋生劳动、体面劳动、自由劳动四个阶段。对人类社会劳动的认知和热爱，在中国古代经典著作中多有论及。《大戴礼·武王践阼·履屦铭》中写道："慎之劳，则富。"强调的是财富和劳动的关系。自古以来，对劳动的肯定和赞美都是中国传统文化的重要内容。《尚书·周官》中写道："功崇惟志，业广惟勤。"《古今药石·续自警篇》中写道："民生在勤，勤则不匮，是勤可以免饥寒也。"意思是人们的生计在于勤劳，勤劳就不会缺乏衣服与食物，勤劳能够让人避免饥饿与寒冷。先秦儒家关注的是一种"礼制"，而不是使用价值层面的劳动致富，也不是精神价值层面的劳动快乐，是一种自然分工的"伦理化"，为中国古人构建了一种脱离田间生产的劳动价值理论；后世儒家分离了"劳"和"思"两个概念。正如孟子所言："劳心者治人，劳力者治于人。"荀子在《天论》中所说："强本而节用，则天不能贫。"表达了对勤劳耕作和勤俭节约的认同。墨家是劳动者的学派，主张"兼爱、非攻、尚贤"，它是以劳动为本位的积极性劳动伦理的范式，是劳动和知识的有机结合。《墨子·非乐上》说："民有三患：饥者不得食，寒者不得衣，劳者不得息，三者民之巨患也。"《墨子·非命下》说："必使饥者得食，寒者得衣，劳者得息。"这是中国社会福利、劳动保障思想的萌芽。墨家思想兼容并蓄，形成了中国先进文化的必要成分，是民族振兴、国家进步的精神力量。《清仁宗味余书室全集》第35卷《敀一·民生在勤论》中写道："农夫不勤则无食；桑妇不勤则无衣；士大夫不勤则无以保家。"意思是农民不勤劳就没有吃的，采桑养蚕的妇女不勤劳就没有衣服穿，士大夫不勤劳就无法贡献国家。佛、道两家对于劳动和农业持消极态度，法儒两家主张繁衍人口，认为劳动力是发展生产的根本保证，孟子曾提出"民为贵，社稷次之，君为轻"的重民思想，经过长期的文化大融合，儒、释、道、墨、法等多家思想互相渗透、互相影响，"勤于劳动"被看作是"修齐治平"的根本性的道德品质，深深滋养着一代代华夏儿女的精神心田。

古代劳动人民的辛勤劳动创造了生活本身和精神意境。魏晋诗人陶渊明所作《归园田居·其三》中写道："种豆南山下，草盛豆苗稀。……衣沾不足惜，但使愿无违。"这首诗展现出我国古代人民早起劳作，傍晚收工，期待有好收成的场景，展现出劳动人民辛勤劳动的形象。唐代诗人李绅写道："锄禾日当午，汗滴禾下土。谁知盘中餐，粒粒皆辛苦？"《悯农》融洽地将珍惜食物与辛勤劳动结合起来，一直影响塑造着中国人的勤俭节约的美德。

唐代诗人王维写道："屋上春鸠鸣，村边杏花白。持斧伐远扬，荷锄觇泉脉。……"这首《春中田园作》的前四句展现出了古代人们愉快劳动的情境和勇于探索的精神。可见，劳动不仅可以磨炼人的意志，劳动的协作性还可以培养人的互助和团结精神。自强不息是古代劳动人民战胜困难的智慧之源。古代物质资源匮乏、自然条件恶劣，勤劳的中华儿女自强不息，积极探索。到了宋明时期，科技、手工业都变得发达。宋朝时发明了天文仪等多种精密仪器，明朝时期郑和七次下西洋代表了那个时代科技、造船业的世界先进水平。古代劳动人民智慧的结晶反应在各个领域：栩栩如生的兵马俑、巍峨长城、巧夺天工的都江堰、贯通南北的大运河；素纱禅衣、榫卯结构、记里鼓车，等等，无一不是凝聚劳动者勤劳智慧的伟大成果，尽责、乐业、精益求精的工匠精神使这些遗宝成为历史的烙印和华夏子孙精神的内核。

伟大梦想不是等来的、喊来的，而是拼出来、干出来的。习近平总书记指出，"幸福都是奋斗出来的"，要"撸起袖子加油干"。随着经济发展，物质生活丰裕，一些人劳动观念出现了削弱或扭曲，比如，坐等扶贫的寄生思维、投机暴富的病态心理，好逸恶劳的"啃老"观念、享乐主义，等等。特别是一些青少年把劳动与劳累、痛苦联系起来，视之为休闲和享乐的对立面。这些社会问题，我们不容忽视，需要加强劳动教育，树立劳动最光荣、奋斗最幸福的劳动价值观。实现中华民族伟大复兴，要靠人们的辛勤劳动。一切有利于社会建设的诚实自觉的劳动，都是高尚的、光荣的。国家、社会、企业各界需要提供更有利的劳动保障，更好的劳动条件，严格执行《中华人民共和国劳动合同法》等各项法律法规，让每一个劳动者都能体面劳动，使劳动尊严得到维护、劳动价值得以实现，更好地营造平等劳动，勤奋做事、勤勉为人、勤劳致富的正能量的社会氛围，鼓励人们不断创造出新的内生动力。只要我们守护中华劳动伦理的深厚底蕴，弘扬工匠精神和坚忍不拔、自强不息的劳动美德，一代代的劳动者就必定能创造伟大的历史，不断开创未来美好生活。

（来源：《光明日报》2019-06-03）

主题二 弘扬劳模精神——成为劳模精神的传承者

一、知识导航

二、主要内容

（一）达成目标

（1）知识目标：掌握劳模及劳模精神的内涵。

（2）能力目标：能够讲好劳模故事，形成正确的劳动意识和敬业精神。

（3）素质目标：感悟劳模精神，形成尊重劳动、热爱劳动、崇尚劳动模范的真挚情感。

（二）内容概要

劳动模范简称"劳模"，是在社会主义建设事业中成绩卓著的劳动者，经职工民主评选，有关部门审核和政府审批后被授予的荣誉称号。劳动模范是劳动群众的杰出代表，是最美的劳动者。

劳模精神是指"爱岗敬业、争创一流，艰苦奋斗、勇于创新，淡泊名利、甘于奉献"。它是劳动模范在生产实践中职业素养、职业能力、职业品质的生动写照。

1）爱岗敬业、争创一流

爱岗敬业重在"爱"和"敬"，"爱"是对岗位和职业的热爱之情，"敬"是对岗位和职业的尊重之心，"热爱"与"尊敬"相互促进，是成就事业重要的推动力，是奋斗路上战胜困难的强大原动力，更是执着于事业追求的必要支撑力。争创一流重在"争"和"一流",强调的是肯学肯干肯钻研,练就一身真本领,掌握一手好技术,力争作出一流贡献。广大劳动者只有做到爱岗敬业、争创一流,才能成长成才,才能在劳动中成就不一样的事业,锻造不一样的情怀,实现不一样的人生。

新中国成立初期,百废待兴。广大工人阶级和劳动者以坚如磐石的信念、只争朝夕的劲头、坚忍不拔的毅力,不畏艰难困苦,创造了一个又一个人间奇迹。太行山区农民李顺达带领老西沟的乡亲们在自然条件恶劣、物质条件落后的情况下,肩扛手挑,用锹耙犁锄,夜以继日地战天斗地,变不可能为可能,用难以想象的付出将老西沟这个"谁见也发愁"的穷山沟、苦山沟,变成了农林果牧共同发展的富裕沟、幸福沟。多次受到毛泽东同志接见的鞍钢工人孟泰为恢复生产,带领广大工人建成了著名的"孟泰仓库",成为新中国企业修旧利废的起点。他还坚持技术攻关,先后解决技术难题十几项,并成功自制大型轧辊,谱写了一曲爱岗敬业、争创一流的赞歌。

改革开放特别是党的十八大以来,广大劳动者用一代又一代的接力拼搏,创造了一个又一个劳动奇迹,用一个又一个动人的故事汇集成全民族的奋斗诗篇。高铁建设者巨晓林凭借着对岗位的尊重和热爱,凭借着坚定的信念和意志,用一天天的坚持、一步步的跨越,实现了从连图纸都看不懂的农民工到中国顶尖高铁施工建设专家的转变。练就"一钩准""一钩净""二次停钩""无声响操作"等集装箱装卸技术的许振超,造就了名扬海内外的"振超效率""振超速度"。

在这些劳模身上,我们看到了真正的爱岗敬业与孜孜不倦的职业追求,看到了真正的"争创一流"与持之以恒勇攀高峰的精神力量。正是一代又一代劳动者、一位又一位劳动模范,用他们对事业的尊重与热爱、坚守与奉献、拼搏与进取,干一行、爱一行、钻一行,在中华人民共和国70多年的历史中,在祖国960多万平方千米的土地上,种下了一粒粒平凡却坚韧的种子,收获了绚丽的人生篇章,也助力了国家的复兴与时代的进步。

2)艰苦奋斗、勇于创新

艰苦奋斗是中华民族的优良传统,也是劳模精神的重要内涵。在劳动实践中,要拥有不畏艰难、锐意进取的钢铁意志,展现坚忍不拔、顽强拼搏的精神风貌,保持艰苦朴素、勤劳节俭的生产生活作风。勇于创新是劳模精神的核心要义之一,就是在看待问题上不墨守成规,敢于打破固有思维束缚,积极探索劳动过程中的新规律和新方法,灵活地运用知识和经验,推动劳动技术和工艺的创新创造。伟大见于奋斗,奇迹源于创造,新中国70多年发展的里程碑上记录着一大批艰苦奋斗、勇于创新的劳动模范及他们的伟大事迹。

高喊"有条件要上,没有条件创造条件也要上"的"铁人"王进喜为甩掉中国"贫油落后"的帽子,把北风当电扇、大雪当炒面,用身体当"搅拌机",用血肉之躯同钢铁和困难搏斗,向人类的生命极限挑战,充分展示了在困难多、条件差、环境恶劣的情况下,劳动者坚如磐石的信念、不畏困苦的斗志、只争朝夕的劲头、坚忍不拔的毅力。正是在这种以苦为乐、不向困难低头精神的带动下,广大劳动者克服了常人无法想象的困难,创造了一个又一个辉煌的业绩。"当代毕昇"王选把"高科技应做到'顶天立地'"作为一生奋斗的信条,"顶天"即不断追求技术上的新突破,"立地"即把技术加以大量推广、应用,使中国传统出版印刷行业得到彻底改造,"告别铅与火,迎来光与电"。

3)淡泊名利、甘于奉献

无论是在革命战争年代还是和平建设时期,"淡泊名利、甘于奉献"始终是一代代劳模的本色和追求。他们不辞辛苦、甘愿付出,不求索取、不为名利,彰显了报效祖国、服务人民的崇高追求和高尚品质。

被誉为"中国的保尔·柯察金"的特等劳动模范吴运铎自参加革命之日起,就把献身党的事业作为毕生追求,刻苦钻研,勤奋工作,以铮铮铁骨书写了兵工发展史上的一段传奇,一颗"把一切献给党"的赤子之心,永远闪耀着灿烂的光辉。"宁肯一人臭,换来万户香"的时传祥用行动诠释了什么是奉献。隐姓埋名30年的黄旭华,为研究核潜艇,将自己的人生"深潜"在了祖国的大海,殚精竭虑、默默奉献。秉持"正直、爱国、为人民做事"信条的水利水电专家张光斗,为中国的江河治理和水资源开发利用栉风沐雨,刻苦钻研,建立了卓越功绩。甘愿辞去"政委"职务从事平凡工作的杨怀远,挑起扁担为旅客服务,这一挑就是38年,热情服务过千千万万旅客。这些劳动模范没有惊天动地的豪言壮语,只有敦厚质朴的笑容;他们只问耕耘、不计得失,在超越小我中成就大我,以实际行动诠释了中国人民的伟大创造精神、伟大奋斗精神、伟大团结精神、伟大梦想精神。正如"新时期的铁人"王启民所说:"获得国家勋章、国家荣誉称号的每个人都有共同的特点,就是忠诚、执着、朴实。追求'短、平、快',当不了英雄;想着'名、利、奖',造不出伟大。"

"爱岗敬业、争创一流,艰苦奋斗、勇于创新,淡泊名利、甘于奉献"的劳模精神是一个有机整体,集中彰显了刻苦勤勉、兢兢业业、敦本务实、埋头苦干的实干精神;持之以恒、孜孜不倦、锲而不舍、牢记使命的坚守精神;淡泊名利、甘于奉献、不图回报、不计得失的无私精神,是中华优秀传统文化、革命文化和社会主义先进文化及社会主义核心价值观的集中体现。中华民族是勤于劳动、善于创造的民族。正是因为劳动创造，我们拥有了历史的辉煌；也是因为劳动创造，我们拥有了今天的成就。如今，全面建设社会主义现代化国家新征程已然开启。在新的起点上，我们要继续大力弘扬"爱岗敬业、争创一流，艰苦奋斗、勇于创新，淡泊名利、甘于奉献"的劳模精神，用劳动模范和先进工作者的崇高精神和高尚品格鞭策自己，辛勤劳动、诚实劳动、创造性劳动，努力在全面建设社会主义现代化国家新征程上创造新的时代辉煌，铸就新的历史伟业。

三、任务设计

任务1　我的职业规划

了解自己所学专业的就业方向及未来发展趋势，并结合自己的实际情况，以劳模及劳模精神为价值引领，规划自己的职业方向，同时通过辛勤劳动来实现自己的职业规划。

建议课内实践80分钟。

（1）知识准备：通过互联网、教师、亲戚朋友等途径了解自己所学专业的就业方向及未来发展趋势。走访或通过互联网查询本行业的劳模，收集他们的发展经历和工作感悟，并进行整理和记录。

（2）教具准备：白纸、笔、手机等。

（1）教师将学生划分为若干小组，并进行小组分工。

（2）小组成员进行讨论并确定自己的职业规划。

（3）每个小组成员详细列出自己实现职业规划所需的知识和技能，并畅想实现职业规划后的感受，体会劳模精神的含义。

（4）每个小组选派一名代表进行分享。

（5）教师进行分析、归纳、总结。

（6）同学们通过交流分享、教师点评，完善自己的职业规划。

模块七　弘扬劳动精神　传承传统美德

写实记录

任务 2　垃圾分类校园行

根据绿色生活理念和垃圾分类的具体办法，在校园内开展垃圾分类活动，培养绿色生活和尊崇劳动理念。

课余时间。

（1）教师、辅导员或班主任：与所在院系或学校社团进行沟通，确定开展"垃圾分类校园行"活动的具体形式、时间等。

（2）学生：学习垃圾分类的知识和办法；准备手套、扫帚等劳动工具。

（1）教师将学生划分为6~8人的小组，每组选择垃圾分类的具体项目。

（2）各小组利用课余时间在校园内开展垃圾分类服务活动。

（3）活动结束后，各个小组总结经验，分析开展活动过程中的成功与不足，并分析原因，找出解决方法。

（4）教师为各组学生答疑，帮助其解决问题，然后根据各组在整个活动中的表现给予点评并打分。

写实记录

任务3　专业服务进校园

运用所学知识和技术开展校园服务，从校园服务中获得成就感、幸福感，以进一步理解辛勤劳动的重要性并提升自己的劳动素养。

1个月。

（1）根据专业特点在网上收集相关资料，列出可提供的专业服务项目，例如电气专业可以义务维修小电器，计算机专业可以免费修理计算机等。

（2）教师将学生划分为6~8人的小组，每组选择合适的专业服务项目。

（3）利用课余时间在校园内开展服务活动。

（4）活动结束后，各个小组总结经验，找出其中存在的问题，并列出问题清单。

（5）教师为各组学生答疑，帮助其解决问题，然后根据各组在活动中的表现给予点评并打分。

写实记录

四、拓展阅读

劳动是一切幸福的源泉，习近平谈劳模精神、劳动精神、工匠精神（节选）

社会主义是干出来的，新时代是奋斗出来的。

党的十八大以来，习近平总书记多次礼赞劳动创造，讴歌劳模精神、劳动精神、工匠精神。

2020年11月24日，在全国劳动模范和先进工作者表彰大会上的重要讲话中，总书记精辟阐释了这三种精神的科学内涵，分别是"爱岗敬业、争创一流、艰苦奋斗、勇于创新、淡泊名利、甘于奉献的劳模精神"，"崇尚劳动、热爱劳动、辛勤劳动、诚实劳动的劳动精神"，"执着专注、精益求精、一丝不苟、追求卓越的工匠精神"，强调它们"是以爱国主义为核心的民族精神和以改革创新为核心的时代精神的生动体现，是鼓舞全党全国各族人民风雨无阻、勇敢前进的强大精神动力"。

　　劳动创造幸福，实干成就伟业。希望广大劳动群众大力弘扬劳模精神、劳动精神、工匠精神，勤于创造、勇于奋斗，更好发挥主力军作用，满怀信心投身全面建设社会主义现代化国家、实现中华民族伟大复兴中国梦的伟大事业。

　　——致全国广大劳动群众的节日祝贺，据新华社北京2021年4月30日电

　　劳动模范是共和国的功臣，要大力弘扬劳模精神。

　　——2020年8月18日至21日，在安徽考察时的讲话

　　大力弘扬劳模精神、劳动精神、工匠精神。"不惰者，众善之师也。"在长期实践中，我们培育形成了爱岗敬业、争创一流、艰苦奋斗、勇于创新、淡泊名利、甘于奉献的劳模精神，崇尚劳动、热爱劳动、辛勤劳动、诚实劳动的劳动精神，执着专注、精益求精、一丝不苟、追求卓越的工匠精神。劳模精神、劳动精神、工匠精神是以爱国主义为核心的民族精神和以改革创新为核心的时代精神的生动体现，是鼓舞全党全国各族人民风雨无阻、勇敢前进的强大精神动力。

　　——2020年11月24日，在全国劳动模范和先进工作者表彰大会上的讲话

　　社会主义是干出来的，新时代是奋斗出来的。这次受到表彰的全国劳动模范和先进工作者，是千千万万奋斗在各行各业劳动群众中的杰出代表。他们在平凡的岗位上创造了不平凡的业绩，以实际行动诠释了中国人民具有的伟大创造精神、伟大奋斗精神、伟大团结精神、伟大梦想精神。希望大家珍惜荣誉、保持本色，谦虚谨慎、戒骄戒躁，继续发挥示范带头作用。

　　——2020年11月24日，在全国劳动模范和先进工作者表彰大会上的讲话

（来源：求是网）

主题三 弘扬工匠精神——成为卓越的劳动者

一、知识导航

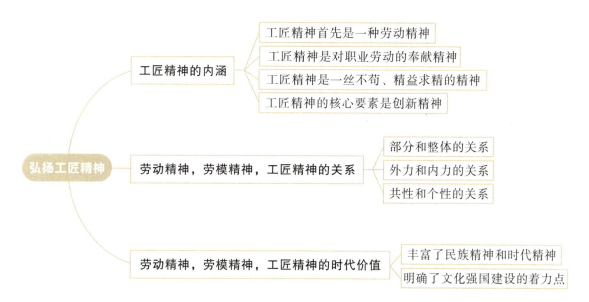

二、主要内容

（一）达成目标

（1）知识目标：掌握工匠精神的内涵并在此基础上进一步掌握劳动精神、劳模精神、工匠精神三者之间的逻辑关系。

（2）能力目标：讲好大国工匠故事，掌握在实践中弘扬工匠精神的方法。

（3）素质目标：通过工匠精神的价值引领、精神塑造，培养精益求精的习惯和守正创新的意识。

（二）内容概要

1. 工匠精神的内涵

工匠精神是指执着专注、精益求精、一丝不苟、追求卓越的劳动精神。它不仅仅是高技能人才群体特有的品质，更是广大劳动者心无旁骛钻研技能的专业素质、职业精神。时代发展，需要大国工匠；迈向新征程，需要大力弘扬工匠精神。

（1）工匠精神首先是一种劳动精神。人类在改造自然的伟大斗争中，不断认识自然的客观规律，不断积累实践经验与技能，从而推动历史进步和创造更为丰富的社会财富。中国梦的实现，人民群众美好生活需要的满足，都需要广大劳动人民的劳动创造。一个人只有通过诚实劳动，才可为社会创造物质财富与精神财富，才可得到他人和社会的认可与褒奖。与此同时，实现自我人生价值目标而产生的幸福感和愉悦感，会进一步激发劳动者的创造激情，从而为社会和他人创造更为丰富的财富。

（2）工匠精神是对职业劳动的奉献精神。几千年来从事技艺劳动的各种工匠，其社会地位并不高，然而，千百年来工匠以业维生，并以技艺为立身之本，无私地奉献自己的全部心血，提高和完善自己的技艺，创造了灿烂的工匠文化。劳动最崇高，劳动最光荣，在平凡的岗位干出不平凡的业绩，就是工匠精神的体现。无论是三峡大坝、高铁动车，还是航天飞船，都凝结着现代工匠的心血和智慧。

（3）工匠精神是一丝不苟、精益求精的精神。重细节、追求完美是工匠精神的关键要素。几千年来，我国古代工匠制造了无数精美的工艺美术品，如历代精美陶瓷及玉器。这些精美的工艺品是古代工匠智慧的结晶，同时也是中国工匠对细节完美追求的体现。现代机械工业尤其是智能工业对细节和精度有着十分严格的要求，细节和精度决定成败。"功夫"一词，不仅指的是武功，而且也是指各种工匠所应具有的习惯性能力。功夫是长期苦练得来的。不下一定的苦功，不可能出细活。工匠从细处见大，在细节上没有终点。

（4）工匠精神的核心要素是创新精神。习近平总书记指出："创新是一个民族进步的灵魂，是一个国家兴旺发达的不竭动力，也是中华民族最深沉的民族禀赋。"一个民族的创新离不开技艺的创新。在现代工业条件下，对于工匠技艺的要求已经不仅仅是像传统工匠那样，只是从师傅那里学得技艺从而能够保持和发扬祖传工艺技法。实际上，传统工艺也是在传承与创新中得到发展的，我们要将传承与创新统一起来，在传承的前提下追求创新。现代机械制造尤其是现代智能制造，对技艺提出了越来越高的难度和精度要求，不仅要有娴熟的技能，而且要求技术创新。每一个产品的开发，每一项技术的革新，每一道工艺的更新，都需要有工匠的创新技艺参与其中。《大国工匠》纪录片中的那些卓越工匠，不仅具有高超的技艺，而且具有强烈的创新意识和创新能力。高凤林在他所参与攻关的多项重大项目中，不断改进工艺措施，不断创造新工艺，不断攻克一个个难关，从而达到世界第一的水准。

2. 劳动精神、劳模精神、工匠精神的关系

劳动精神、劳模精神、工匠精神（以下简称"三个精神"）紧密联系构成了一个有机整体，需要总体把握、一体弘扬、统筹推进。

（1）劳模精神和劳动精神的关系是部分和整体的关系。从主体上看，劳模精神的主体是劳动模范群体，劳动精神的主体是所有劳动者，而劳动模范群体是广大劳动者群体中的佼佼者和杰出代表，也是广大劳动者学习的榜样和楷模。劳动模范群体是劳动者群体中的一部分。从这个意义上讲，劳模精神也是劳动精神的一部分。劳动精神是做一名合格的劳动者应该有的精神，劳模精神则是成为劳动模范必须有的精神。做劳动者不合格，做劳动模范更不可能。没有劳动精神，也很难有劳模精神。所以，劳动精神应该成为所有劳动者都必须拥有的精神。劳模精神是所有劳动者都应该学习的精神。二者也是方向和基础的关系，劳模精神是方向，劳动精神是基础。

（2）劳模精神和工匠精神的关系是外力和内力的关系。劳模精神是所有劳动者都应该学习的精神，是影响和引领每一位劳动者从平凡走向不平凡的外力。劳模精神从外部影响每一位劳动者学先进、赶先进、当先进。工匠精神则是激发和激励每一位劳动者不断自我挑战和自我超越的内力。工匠精神从内部唤醒每一位劳动者不断成为最好的自己。劳模精神是超越别人的精神，因为他们就是超越了很多劳动者才脱颖而出的。工匠精神是超越自己的精神，世上最大的对手不是别人，而是自己。工匠精神让劳动者成为自己的"模范"，劳模精神让劳动者成为别人的"模范"。工匠精神点亮了自己的生命，劳模精神则照亮了别人的生命。

（3）劳动精神和工匠精神是共性和个性的关系。劳动精神是所有劳动者的共性，每一位劳动者都应该有劳动精神。工匠精神则揭示了不甘于平庸的劳动者的个性，是成就优秀劳动者的必要条件。个性不仅是产品和企业的核心竞争力，也是劳动者的核心竞争力。这里所说的劳动者的个性主要是指劳动者在自我超越的过程中，彰显出的个人优势及其精神状态，也就是工匠精神。换句话讲，没有工匠精神的劳动者很难有出色的成就和骄人的业绩。精益求精、追求卓越是践行工匠精神的核心，也是成就杰出劳动者的根源。当然，如果工匠精神成就的劳动者不仅大大超越了过去的自己，也大大超越了别人，成为全国乃至全世界本行业的优秀劳动者。那么，他就会成为别人学习的榜样和楷模，最终就会成为劳动模范，劳模精神也随之产生。

3. 劳动精神、劳模精神、工匠精神的时代价值

（1）"三个精神"丰富了民族精神和时代精神。民族精神是一个民族在长期生产实践和社会生活中形成的，为大多数民族成员认同和接受的思想观念、价值取向、道德规范的总和，是一个民族赖以生存和发展的精神支撑。时代精神是在一定历史时期的最新创造性实践中形成的，是人们在文明创建活动中体现出来的精神风貌和优良品格，反映社会进步发展方向、引领时代发展潮流。"三个精神"与中国人民在长期奋斗中培育、继承、发展起来的伟大民族精神、时代精神具有同向性和一致性，是以爱国主义为核心的民族精神和以改革创新为核心的时代精神的生动体现，是鼓舞全党全国各族人民风雨无阻、勇敢前进的强大精神动力。"三个精神"生动诠释了中国人民具有的伟大创造精神、伟大奋斗精神、伟大团结精神、伟大梦想精神。

（2）"三个精神"明确了文化强国建设的着力点。党的二十大报告指出："全面建设社会主义现代化国家，必须坚持中国特色社会主义文化发展道路，增强文化自信，围绕举旗帜、聚民心、育新人、兴文化、展形象建设社会主义文化强国，发展面向现代化、面向世界、面向未来的，民族的科学的大众的社会主义文化，激发全民族文化创新创造活力，增强实现中华民族伟大复兴的精神力量。"建设社会主义文化强国，需要有文化的引领和精神的支撑。弘扬"三个精神"，将有利于形成适应新时代要求的思想观念、精神面貌、文明风尚、行为规范，为建设社会主义精神文明、发展社会主义先进文化、提高国家文化软实力提供重要载体和实现途径，为推进社会主义文化强国、建设好中华民族共有精神家园提供丰厚滋养和动力源泉。

三、任务设计

任务1　走近大国工匠

深刻理解工匠精神的内涵，培养工匠精神。

建议课内实践30分钟。

模块七　弘扬劳动精神　传承传统美德

（1）材料准备：从自己身边或通过网络寻找具有工匠精神的人，了解他们的典型事迹，整理成文字或视频材料。

（2）教具准备：白纸、笔、多媒体设备等。

（1）教师将学生划分为若干小组，并进行小组分工。

（2）组内讨论工匠精神的内涵，每个成员选出一名自己崇拜的具备工匠精神的人，并进行分享。

（3）分享后，小组内推选代表在全体同学面前进行分享。

（4）教师进行分析、归纳、总结，评价每组代表在分享过程中的表现并打分。

任务2　"工匠魅力　音你生趣"配音大赛

在活动中寻找工匠魅力和配音乐趣，加深对工匠文化的理解。

建议40分钟。

（1）材料准备：通过网络寻找反映大国工匠先进事迹的一段话剧或电影；下载配音软件。

（2）教具准备：多媒体设备等。

（1）教师将学生划分为若干小组，并进行小组分工。

（2）组内讨论并确定要配音的电影或话剧片段。

（3）组内推选代表在全体同学面前进行配音表演。

（4）教师进行分析、归纳、总结，评价每组代表在配音表演过程中的表现并打分。

任务3　我为同学做件事

运用所学知识和技术帮助身边有需要的同学进行劳动实践,服务群众,回报社会。

课外实践1小时。

(1)宣传海报或网络链接。

(2)收集服务对象的需求、地址、联系方式等。

(3)根据专业技能和服务对象需求确定所需材料。

(1)教师阐述活动的主题和意义。

(2)学生分组按照熟手、新手搭配,3~5人一组,并进行小组分工。

(3)分发服务对象有关信息。

(4)组内讨论处理方法等问题,反馈能否解决。

(5)组员进行技能服务。

(6)教师进行分析、归纳、总结,并根据每组代表在分享过程中的表现给予点评。

(7)教师组织同学进行组间互评,进一步完善和提高。

四、拓展阅读

如切如磋，如琢如磨——工匠精神述评（节选）

我国自古就有尊崇和弘扬工匠精神的传统。《诗经》中的"如切如磋，如琢如磨"，反映的就是古代工匠在雕琢器物时执着专注的工作态度。"庖丁解牛""巧夺天工""匠心独运""技近乎道"……经过千年岁月洗礼，这种精益求精的精神品质早已融入中华民族的文化血液。

当今时代，传统意义上的工匠虽然日益减少，但工匠精神在各行各业传承不息。小到一颗螺丝钉、一块智能芯片，大到卫星、火箭、高铁、航母，它们背后都离不开新时代劳动者身体力行的工匠精神。

2020年11月24日，习近平总书记在全国劳动模范和先进工作者表彰大会上指出，在长期实践中，我们培育形成了"执着专注、精益求精、一丝不苟、追求卓越的工匠精神"。同年12月10日，习近平总书记致信祝贺首届全国职业技能大赛举办，强调培养更多高技能人才和大国工匠。

奋斗创造历史，实干成就未来。在通往中华民族伟大复兴的征程上，我们更需锻造灼灼匠心，在平凡岗位上创造不凡，用干劲、闯劲、钻劲谱写美好生活新篇章，让新时代工匠精神激励鼓舞更多人。

执着专注

百米高空，检修近百万伏特特高压带电线路，是怎样一种体验？放电实验数据表明，人在几米之外，就可能在瞬间被特高压感应形成的电弧化为灰烬。

经过无数次的摸索和实验，国家电网山东电力公司检修公司带电作业工王进选择了带电检修特高压线路的"秋千法"。2011年，凭着执着专注的工匠精神，极限化的技术操作本领，远超常人的胆量、意志、体能，王进成功完成了世界首次±660千伏直流输电线路带电作业。

执着专注是劳动者最显著、最可贵的行为特质。在中国特色社会主义新时代，各行各业的劳动者更应秉承工匠精神，立足本职岗位诚实劳动，无论从事什么工作，都要干一行、爱一行、钻一行。

作为中国兵器工业集团首席焊接技师，卢仁峰几十年来交出的焊接产品一直是百分之百合格。而这些百分之百,却是他只用一只手来完成的。

1986年,一次操作意外,使焊接能手卢仁峰的左手被机器切断。后经过手术,被切去的左手虽然勉强接上了,但已经完全丧失功能。然而,卢仁峰却作出了一个大家都没有想到的决定:继续做焊接工作。

只用一只手,怎么做好焊接工作?

整整5年,卢仁峰整天泡在车间,顽强坚持练习,愣是靠给自己量身定做手套和牙咬焊帽这些办法,用单手代替双手进行焊接操作,不仅恢复了过去的焊接水平,而且再次成为厂里的焊接技术领军人。

锲而舍之,朽木不折;锲而不舍,金石可镂。卢仁峰说,丢了一只手不可怕,可怕的是丢了军工匠人的魂。

实干兴邦,实现社会主义现代化的宏伟目标,离不开各行各业的务实肯干与勤奋敬业。千万现代工匠坚守职业理想和初心,满怀产业报国之情,才能扬起高质量发展之帆,筑起强国之梦。

精益求精

锉、削、磨、抛……一连串行云流水的动作,一个金属圆球在他掌中幻化成为精致的正十二面体,棱角分明、光洁如镜,如钻石般熠熠生辉。

"尺寸精度达到0.01毫米,是头发丝的六分之一!所有相邻面的夹角误差不超过1分,就连数控设备都无法实现!"技术表演现场,一众专家连声惊叹。

这位创造奇迹的人,名叫李凯军,是一汽铸造公司产品技术部首席技能大师。在钳工的世界,他以精益求精而大名鼎鼎。

匠者,精湛极致也。具有工匠精神的人,从不满足于已有的产品质量,也从来不相信有100%的完美,他们总是不断寻求技艺突破和品质提高,追求从99.9%到99.99%的进步。哪怕再小的细节,也要全神贯注、全力以赴,只为打造极致的产品和体验。

奥迪、红旗等高档轿车上有大量关键性零部件,它们很多都诞生自李凯军制造的高精尖模具之下。每一次落刀力道的精准驾驭,背后是李凯军20年滴酒不沾、每天早上坚持做400个俯卧撑的努力使然。

精益求精是我国建设制造强国的基本要求。新中国成立以来，中国人民在进行社会主义现代化建设的进程中，传承和弘扬精益求精的精神，取得了"两弹一星"、载人航天等重大成就。当前，建设制造强国，更须继续弘扬精益求精的工匠精神，不断培养"大国工匠"。

蛟龙号载人潜水器首席装配钳工技师顾秋亮，从业48年不断追求极致，仅凭双手捏捻搓摸和观察，就能判断0.2丝（相当于一根头发丝的五十分之一）的误差，成为深海载人潜水器领域唯一能实现这个精密度的工匠。

巧手拼就世界最大射电望远镜"天眼"，"大国工匠"周永和也有这样的"挑战不可能"精神。在"天眼"安装过程中，周永和与工友们要把40多万块反射面板，在离地一百多米的高空中拼接成一体。反射面板单片最大面积约120平方米，面板相互间的吻合误差不能超过2毫米。经过反复讨论试验，周永和与工友们成功完成了这个"不可能的任务"。

正是这些追求极致的劳动者，将精益求精的工匠精神内化于心、外化于行，书写出中国制造的辉煌篇章。

一丝不苟

河北省赵县的洨河上，有一座举世闻名的石拱桥——赵州桥。

赵州桥存世1400多年，是世界上现存最早、保存最好、跨度最大的空腹式单孔圆弧拱石桥。这座大桥结构奇特、造型美观、工艺精巧，千余年来经历了8次以上地震的冲击、8次以上战争的考验，饱经风刀霜剑、冰雪雨水的侵蚀，至今巍然屹立。

赵州桥，凝聚了隋代著名桥梁工匠李春的智慧、汗水和心血。在那个没有大型工程机械的时代，李春与千百个工匠一起，以一丝不苟的态度，精心打磨每一个细节，为人类建筑文明创造了奇迹。

一丝不苟，体现了高度负责、敢于担当的职业道德。古今工匠们的一丝不苟，表现在对每一个细节和精度的严格要求，对"毫厘"的斤斤计较。

一丝不苟，铸就不凡。中航工业沈阳飞机工业（集团）有限公司14厂钳工方文墨为歼-15舰载机加工高精度零件。教科书上，手工锉削精度极限是千分之十毫米。而方文墨加工的精度达到了千分之三毫米，这是数控机床都很难达到的精度。中航工业将这一精度命名为"文墨精度"。

在中国商飞上飞公司高级技师、数控车间钳工一组原组长胡双钱心中，"每个零件都关系着乘客的生命安全"。在国产大飞机C919研发和试飞阶段，他担任首席钳工，从事C919上最为精细的重要零部件加工工作，做到了让人叹为观止的"零差错"。大飞机作为"国家名片"，是中国制造强国的重要体现。胡双钱等一大批"大国工匠"，用一丝不苟铸就了中国制造的金牌品质。

当前，我国进入"十四五"时期，这是乘势而上开启全面建设社会主义现代化国家新征程、向第二个百年奋斗目标进军的第一个五年。中国制造要实现由"大"至"强"的转变，必须打造一大批有国际影响力和竞争力的民族品牌。千千万万来自各行各业的劳动者，将自己的心血与精力倾注在手中每一件产品上。正因有他们，越来越多优秀的民族品牌不断涌现，走出国门、走向世界，把更多的"民族品牌"升级为"世界名牌"，更好地推动高质量发展。

追求卓越

时至今日，木工师傅仍在使用的很多工具，如钻、刨子、曲尺、墨斗等，相传都是春秋时期的鲁班发明的。

鲁班被誉为"鲁之巧人"。《墨子》载其"为楚造云梯之械"，能"削木以为鹊，成而飞之"。他对木工技艺执着专注，创造出许多灵巧实用的工具，广泛应用在现实生活中，让当时的人们从原始、繁重的手工劳动中解放出来，极大提高了工作效率。

追求卓越是工匠的职业价值旨归。工匠们一生追求卓越，是为了在行业保持顶尖水平。无论是在传统农耕社会，还是现代工业化时代，扎实的专业知识、精湛的专业技艺都是工匠安身立命之根本，不断超越自我、勇攀行业顶峰是匠人的毕生追求。

高铁领域的"大国工匠"李万君，为解决直径20厘米的圆形环口焊接难题，经过千万次实验和尝试，不仅解决了难题，而且创造了"标准参数"，掌握了"一枪焊完"的绝活儿。

勇于创新、善于创新亦是新时代工匠精神的灵魂。2020年10月，"大国工匠"高凤林所著《咱们为什么要创新 写给技术工人的十二封信》一书出版发行，他希望通过自身成长经历以及对创新的认识，帮助广大技术工人培养创新意识、提高创新能力。

高凤林是中国运载火箭技术研究院首都航天机械有限公司特种熔融焊接工、火箭发动机制造领域首席技能专家。在他的从业经历中，"创新"二字贯穿始终，帮他攻克了一系列火箭发动机焊接技术世界级难关。

2006年，世界上16个国家、地区组织开展反物质探测器项目，项目进行过程中，出现了不能做出低温超导磁铁的难题，项目一度停滞。就在大家都想不出任何办法的时候，该项目的主要负责人、诺贝尔物理学奖获得者丁肇中邀请高凤林加入这个项目。经过一番研究，高凤林给出的方案被认可并实施，使项目成功推进。

器物有形，匠心无界。作为一个制造大国所推崇的时代精神，工匠精神的指向早已超越了工匠这个单一的群体，折射出各行各业一线劳动者的精神风貌和价值追求，体现为全体党员群众的实干创新和爱国奋斗。

当今世界正经历百年未有之大变局，我国正处于实现中华民族伟大复兴的关键时期。笃定初心，践行、弘扬工匠精神，将自己对人生、对事业、对国家的热爱转化为工作激情和创造能力，在平凡的岗位上做出不平凡的业绩，新时代奋斗者正在共同参与这样一场匠心接力赛。

（来源：《光明日报》2021-09-30）